FINANCIAL
DEVELOPMENT REPORT OF
HANGZHOU 2022

2022年度
杭州金融
发展报告

杭州市地方金融监督管理局◎编

ZHEJIANG UNIVERSITY PRESS
浙江大学出版社
·杭州·

图书在版编目(CIP)数据

2022 年度杭州金融发展报告 / 杭州市地方金融监督
管理局编. —杭州:浙江大学出版社,2023.11
ISBN 978-7-308-24379-7

Ⅰ.①2… Ⅱ.①杭… Ⅲ.①地方金融事业—经济发
展—研究报告—杭州—2022 Ⅳ.①F832.755.1

中国国家版本馆 CIP 数据核字(2023)第 214859 号

2022 年度杭州金融发展报告
2022 NIANDU HANGZHOU JINRONG FAZHAN BAOGAO
杭州市地方金融监督管理局　编

策划编辑	吴伟伟
责任编辑	陈逸行
文字编辑	韩盼颖
责任校对	马一萍
封面设计	雷建军
出版发行	浙江大学出版社
	(杭州市天目山路 148 号　邮政编码 310007)
	(网址:http://www.zjupress.com)
排　　版	浙江大千时代文化传媒有限公司
印　　刷	广东虎彩云印刷有限公司绍兴分公司
开　　本	710mm×1000mm　1/16
印　　张	17.5
字　　数	269 千
版 印 次	2023 年 11 月第 1 版　2023 年 11 月第 1 次印刷
书　　号	ISBN 978-7-308-24379-7
定　　价	68.00 元

前　言

2022 年是极为重要的一年。

这一年，党的二十大胜利召开，描绘了全面建设社会主义现代化国家的宏伟蓝图。面对复杂多变的国际环境和艰巨繁重的国内改革发展稳定任务，以习近平同志为核心的党中央团结带领全国各族人民，有效应对疫情等多重超预期因素冲击，实现了经济稳中有进、发展质量稳步提升、社会大局保持稳定。

这一年，杭州市忠实践行"八八战略"，围绕"奋进新时代、建设新天堂"，统筹打好疫情防控、稳进提质、除险保安组合拳，交出了一份"难中求成、干中有为、稳中有进"的厚重答卷，全年经济持续恢复，产业结构不断优化，创新动能不断增强，高质量发展取得显著成效。

这一年，杭州金融系统坚持以习近平新时代中国特色社会主义思想为指导，坚决贯彻中央和省市委决策部署，主动作为、靠前发力，统筹服务疫情防控和经济社会发展，全力建设钱塘江金融港湾和杭州国际金融科技中心，有力推进地方经济实现质的有效提升和量的合理增长。全市金融业稳健上行，服务实体经济更加精准高效，社会融资利率持续下降，区域金融改革获得重大突破，地方金融风险平稳可控，现代金融创新高地初步展现。全市实现金融业增加值 2407 亿元，较上年增长 7.5％；占全市生产总值比重为 12.8％，较上年提高 0.7 个百分点。新获中国人民银行等八部委联合批复建设科创金融改革试验区,数字人民币试点加快推进。

本报告系统收录了杭州金融各行业运行情况、重点金融集聚区发展情况、重点机构运行情况、重大金融改革工作进展、典型金融案例、重要金融政策文件、地方金融大事记、主要经济金融指标,以及重要金融机构、地方金融组织和上市公司名录,供各界参考。

本报告在编撰过程中得到在杭金融监管部门、杭州市各相关单位、各相关金融组织、浙江大学经济学院课题组的大力支持,在此表示感谢。同时,真诚欢迎广大读者对本报告存在的不足提出意见建议,帮助我们在将来做得更好。

《2022 年度杭州金融发展报告》编委会

2023 年 10 月

目　录

机　构　篇

改　革　篇

案　例　篇

政　策　篇

附　录

综 合 篇

2022 年杭州市金融服务业发展报告

杭州市地方金融监管局

2022 年,杭州创新动能持续增强,高质量发展取得新成效。全年实现生产总值 18753 亿元,较上年增长 1.5％。其中,第一产业增加值 346 亿元,较上年增长 1.8％;第二产业增加值 5620 亿元,较上年增长 0.4％;第三产业增加值 12787 亿元,较上年增长 2.0％。三次产业增加值结构由上年的 1.8∶30.3∶67.9 调整为 1.8∶30.0∶68.2。医药制造业、仪器仪表制造业增势良好,增加值较上年分别增长 15.1％和 12.7％。

2022 年,面对复杂多变的经济金融形势和反复多发的新冠疫情,全市金融系统认真落实"疫情要防住、经济要稳住、发展要安全"工作要求,统筹支持常态化疫情防控和金融产业发展,为经济稳进提质作出了积极贡献。全市实现金融业增加值 2407 亿元,较上年增长 7.5％;占全市地区生产总值比重 12.8％(见表 1)。据国内大中城市公开数据排名,杭州金融综合竞争力继续位居全国前列,其中金融业增加值总量排名第七,存、贷款余额均排名第五,累计培育上市公司家数排名第四,保费收入排名第五。

表 1   2021—2022 年杭州市金融业增加值

时间	地区生产总值/亿元	同比增减/％	第三产业增加值/亿元	同比增减/％	金融业增加值/亿元	同比增减/％	金融业增加值占地区生产总值比重/％
2021 年	18109	8.5	12287	8.7	2189	6.4	12.1
2022 年一季度	4539	4.0	3165	2.2	624	7.1	13.7
2022 年上半年	9003	1.2	6121	0.1	1204	7.8	13.4
2022 年前三季度	13608	1.8	9233	1.4	1833	8.6	13.5
2022 年	18753	1.5	12787	2.0	2407	7.5	12.8

数据来源:杭州市统计局、杭州市地方金融监管局。

一、金融业运行概况

(一)融资总量保持平稳

2022 年,杭州市新增社会融资规模增量 8699.51 亿元,与上年基本持平。分类看,以人民币贷款为主的间接融资 7343.49 亿元,较上年增长 20.8%;以债务融资为主的直接融资 1356.02 亿元,较上年下降 48.1%。间接融资占比达到 84.4%,较上年上升 14.5 个百分点(见表 2)。

表 2 杭州市社会融资规模增量结构

单位:亿元

融资项目		2022 年新增	2021 年新增
地区社会融资规模		8699.51	8690.80
间接融资	人民币贷款	6172.50	6474.50
	外币贷款(折人民币)	−30.81	−17.38
	委托贷款	155.04	0.63
	信托贷款	−285.03	−545.28
	未贴现的银行承兑汇票	1024.23	−33.37
	其他融资	307.56	198.18
	合计	7343.49	6077.28
直接融资	企业债务融资工具	705.29	1577.21
	股票融资	334.40	491.29
	地方政府债券	316.33	545.03
	合计	1356.02	2613.53

数据来源:中国人民银行浙江省分行。

(二)钱塘江金融港湾集聚动能增强

"一核、三镇、多点"主平台地位进一步显现,其中杭州金融城和钱塘江金融城已入驻持牌总部金融机构 104 家,三个省市级金融特色小镇共集聚各类金融服务机构 3200 余家。2022 年,杭州市新增 8 家证券分公司、6 家期货分公司、1 家保险分公司。至年末,全市共有各类银证保持牌金融机构 636 家,其中,银行业 86 家,证券期货业 464 家(含营业部),省级以上保险机构 86 家。全市主要地方金融组织中,有小贷公司 51 家、融资担保公司 83 家、典当行 79 家、商业保理公司 1 家。

(三)银行业流动性合理充裕

1.贷款合理增长,结构优化

2022 年末,杭州市金融机构本外币各项贷款余额 62306.30 亿元,较年初增加 6031.53 亿元;增幅为 10.72%,较上年下降 2.28 个百分点。分月份看,贷款增量较为均衡,全年增速波动在 2 个百分点以内(见图 1)。

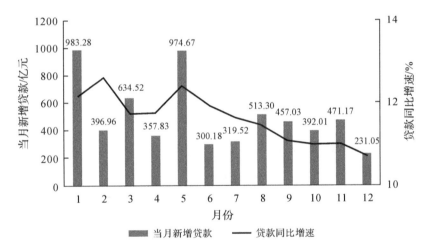

图 1　2022 年杭州市金融机构本外币各项贷款月度增长情况

数据来源:中国人民银行浙江省分行。

从部门结构看,年末杭州市住户贷款余额 24531.29 亿元,较年初增加 1883.17 亿元,增幅 8.31%;企(事)业单位贷款余额 37455.73 亿元,较年初增加 4219.78 亿元,增幅为 12.69%(见表 3)。

表 3　2022 年末杭州市金融机构本外币贷款余额及增幅

指标	年末余额/亿元	比年初增减/亿元	同比增减/%
各项贷款余额	62306.30	6031.53	10.72
其中：一、住户贷款	24531.29	1883.17	8.31
1.短期贷款	7777.97	364.10	4.91
2.中长期贷款	16753.32	1519.07	9.97
二、企（事）业单位贷款	37455.73	4219.78	12.69
1.短期贷款	10550.65	1150.43	12.24
2.中长期贷款	23074.24	2578.82	12.57
3.票据融资	3060.45	525.05	20.71
4.融资租赁	762.45	−31.84	−4.01
5.各项垫款	7.93	−2.68	−25.27

数据来源：中国人民银行浙江省分行。

从投向行业看，年内贷款增长最快的三个行业分别为信息传输、软件和信息技术服务业，租赁和商务服务业，制造业，增幅分别为 27.50%、17.36%、16.47%。年内新增额最大的三个行业分别为制造业，租赁和商务服务业，水利、环境和公共设施管理业，增加额依次为 972.00 亿元、760.56 亿元、418.96 亿元（见表 4）。

表 4　2022 年杭州市各行业贷款情况

贷款投向行业	余额/亿元	比年初增减/亿元	同比增减/%
房地产开发贷款	4938.21	158.08	3.86
购房贷款	10959.78	293.85	2.75
制造业贷款	6874.03	972.00	16.47
批发和零售业贷款	3205.68	386.34	13.69
信息传输、软件和信息技术服务业贷款	1032.28	222.63	27.50
租赁和商务服务业贷款	5142.02	760.56	17.36
水利、环境和公共设施管理业贷款	5261.35	418.96	8.65

数据来源：中国人民银行浙江省分行。

从辖内四区三县(市)看,贷款增速排名前三的依次为余杭、富阳、桐庐,增速分别为 40.45%、21.71% 和 20.48%(见表5)。

表5 2022年末县(市、区)本外币贷款余额占比和增速

指标	萧山	余杭	临平	富阳	临安	桐庐	淳安	建德
余额/亿元	6407.62	2132.95	2768.62	2729.38	1465.53	994.98	484.08	816.95
占比/%	10.28	3.42	4.44	4.38	2.35	1.60	0.78	1.31
增速/%	13.13	40.45	11.94	21.71	20.29	20.48	16.76	19.38

数据来源:中国人民银行浙江省分行。

2.存款较快增长

2022年末,杭州市金融机构本外币各项存款余额 69592.03 亿元,较年初增加 8547.74 亿元;增幅为 14%,较上年提高 1.47 个百分点。分月度看,全年增速总体上行(见图2)。

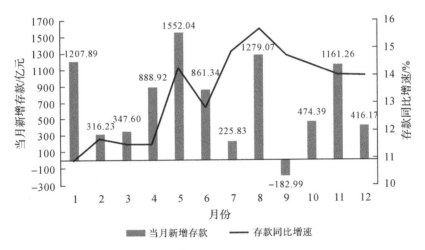

图2 2022年杭州市金融机构本外币各项存款月度增长情况

数据来源:中国人民银行浙江省分行。

从部门结构看,年末杭州市住户存款余额 19814.42 亿元,增幅为 25.26%;非金融企业存款余额 31917.91 亿元,增幅为 17.25%;广义政府存款余额 11752.89 亿元,增幅为 12.23%。

3.资产质量持续向好

2022 年,杭州市银行业机构累计实现利润 667.39 亿元,较上年增长 47.33 亿元。年末杭州市不良贷款余额 484.92 亿元,较年初增加 30.35 亿元;不良贷款率 0.77%,较年初下降 0.03 个百分点。

(四)证券业波澜不惊

1.交易量总体活跃

2022 年,杭州市证券经营机构累计代理交易额 32.47 万亿元,持平上年,交易额占到全省的 45.29%。杭州市期货经营机构累计代理交易额 66.65 万亿元,同比下降 5.14%,交易额占到全省的 74%。

2.股权融资下行

2022 年,杭州市企业股权融资共计 340.06 亿元,较上年下降 52.8%。其中境内外首次公开发行股票(IPO)融资 222.45 亿元,上市公司定增 107.98 亿元,新三板挂牌企业定增 9.63 亿元。

3.债券融资金额下降

2022 年,杭州市债券融资共计 2650.54 亿元,较上年下降 20.2%。其中发行银行间市场债务融资工具 2269.2 亿元,可转债 173.14 亿元,企业债 208.2 亿元。

(五)保险业加快增长

2022 年,杭州市累计实现保费收入 1076.22 亿元,同比增长 11.06%,增速较上年加快 7.37 个百分点。其中财产险保费收入 337.04 亿元,较上年增长 11.25%;人身险保费收入 739.18 亿元,较上年增长 10.97%。累计赔付支出 338.83 亿元,较上年增长 7.21%。其中财产险赔付支出 204.96 亿元,较上年增长 14.94%;人身险赔付支出 133.86 亿元,较上年下降 2.81%。

(六)地方金融业良性发展

1.地方法人金融机构总体稳健

2022 年末,杭州银行资产总额 16165.38 亿元,较上年增长 16.25%;存款余额 9280.84 亿元，较上年增长 14.49%；贷款余额 7022.03 亿元，较上年增长 19.31%。杭州市农商行资产总额 10756.32 亿元，较上年增长 19.45%；各项存款余额 8443.36 亿元，较上年增长 20.3%；各项贷款余额 6595.08 亿元，较上年增长 20.47%。新型农村金融机构资产总额 161.48 亿元，较上年增长 0.82%；各项存款余额 124.32 亿元，较上年增长 3.25%；各项贷款余额 126.72 亿元，较上年减少 3.22%。法人信托公司资产总额 236.62 亿元，较上年下降 13.88%；负债总额 20.21 亿元，较上年下降 62.39%。

2. 小贷公司规范运营

2022 年末，杭州市小贷公司注册资金 94.64 亿元，较上年增长 4.5%。年末贷款余额 107.64 亿元，较上年下降 4.2%；全年累计发放贷款 213.64 亿元，较上年增长 18.1%。

3. 担保行业小幅上行

2022 年末，杭州市融资性担保机构注册资本金 157.3 亿元，较上年增长 1.8%。年末融资担保余额 745.2 亿元，较上年增长 9.5%；全年累计发生担保业务 865.8 亿元，较上年增长 6.3%。

4. 典当行业较快增长

2022 年末，杭州市典当行注册资本金 54.72 亿元，同比增长 21.6%。年末典当余额 48.8 亿元，较上年增长 17.4%；全年累计发生典当金额 281.73 亿元，较上年增长 18.4%。

5. 私募基金业稳固发展

2022 年末，杭州市在中国证券投资基金业协会登记备案的私募基金管理人 1448 家，较上年减少 75 家；管理资产规模 8137.88 亿元，较上年减少 325.11 亿元。私募基金管理人家数、管理资产规模分别占到全省的 54.11% 和 44.78%。

二、金融工作推进情况

(一)健全金融发展政策体系

牵头研究制定建设现代金融创新高地助力经济高质量发展若干意见、

杭州建设科创改革试验区方案等重大金融政策,奠定了未来几年杭州市金融业发展的主攻方向。贯彻国家跨周期、逆周期调控精神,统筹年度政策衔接,制定出台金融业高质量发展、银行保险业"同心共促"、资本市场"凤舞九天"、金融组织(机构)"引新育强"等系列三年行动计划,以及金融支持稳经济促发展、绿色金融支持碳达峰碳中和实施方案等一揽子政策措施,较好地稳定了社会预期。

(二)精准高效服务实体经济

深化与大型金融机构战略合作,修订完善银行和保险机构综合评价办法,引导金融机构用好用足多项结构性货币政策工具,强化地方融资保障。一是全面落实助企纾困金融帮扶政策。实现各项金融帮扶政策资金快享直达,市、区两级兑付率 100%。减免金融服务手续费。促成向中小企业发放"双保"贷款 447 亿元。二是加大对重点领域和薄弱环节的支持力度。杭州市民营经济、普惠小微、涉农贷款、制造业中长期贷款均高于各项贷款平均增速。大力推动首贷户、信用贷、无还本续贷增量扩面,累计发放金额 670 亿元。引导政策性、开发性银行投放政策性开发性金融工具资金,适度超前支持重点项目基础设施建设。杭州金融综合服务平台累计撮合融资金额 2838 亿元,荣获全国中小企业融资综合信用服务示范平台荣誉称号。积极发展第三支柱养老保险。三是实现综合融资成本稳中有降。金融机构充分发挥贷款市场报价利率(LPR)对贷款利率的引导作用,降低企业融资成本,12 月杭州市新发放企业贷款加权平均利率 4.11%,为历史最低水平。配合组建市融资担保集团,健全政府融资担保体系,促成政府性担保公司小微和"三农"担保余额同比增长 57.8%,平均担保费率降至 0.79%。

(三)显著提升资本市场利用质效

全方位对接多层次资本市场,大力推进企业上市,累计新增上市公司 27 家,总数达到 285 家,位列全国城市第四。新增新三板挂牌企业 13 家、浙江股交中心挂牌企业 40 家。推动企业并购重组。制定出台重点拟上市企业认定暂行办法,培育认定新一轮重点拟上市企业 273 家。成功发行国内首单生物医药产业园房地产投资信投基金（REITs）、省内首单产业园REITs、省内首单房企并购票据。支持杭州银行顺利发行 500 亿元金融债券，增加金融机构长期资金来源。

（四）纵深推进金融改革创新

围绕杭州行政区划优化调整，引导金融资源向钱塘江金融港湾平台集聚，重点打造"一核、三镇、多点"区块，擦亮杭州国际金融科技中心品牌。加快集聚优质金融资源，新落户三峡集团浙江能源投资有限公司、新华基金管理有限公司浙江分公司等一批总部金融业态，完成国内首单农信社改革，挂牌成立浙江农村联合商业银行。成功获批建设科创金融改革试验区。稳步开展数字人民币试点和亚运会金融服务保障工作，累计开立对公和个人钱包数量及交易金额在同批试点城市中居前。稳妥开展金融科技创新监管试点。浙江区域股权创新试点顺利推进，探索开展创投股权与私募基金份额转让试点。本外币合一账户、合格境外有限合伙人（QFLP）试点范围持续扩大。

（五）持续完善现代金融治理体系

强化党对金融的领导，打造金融惠民助企、学习型党支部、金融助力山区共富"帮帮团"三大特色品牌，以党建引领行业规范健康发展。强化钱塘江金融港湾党建联盟，壮大杭州金融顾问团专家队伍，开展金融服务实体经济发展大服务活动。成立杭州市银行保险管理服务中心，会同银保监部门设立杭州银保监办，统筹辖内银行业保险业监管服务工作。稳妥处置非法集资、私募、第三方财富、养老诈骗、交易场所、房地产等领域金融风险，实现涉众型金融风险同比大幅下降，私募机构风险规模持续走低。牵头开展的投融资领域信访问题化解工作被列为省委"七张问题清单"示范案例。支持蚂蚁消金公司增资，配合监管部门基本完成大型平台企业金融业务整改。

2022 年杭州市金融运行报告

中国人民银行浙江省分行

2022 年以来,面对需求收缩、供给冲击、预期转弱的"三重压力"叠加疫情多发散发、俄乌冲突等超预期因素影响,杭州市金融系统紧紧围绕市委、市政府工作部署,迎难而上、主动作为,强化逆周期调节力度,货币信贷政策充足发力、精准发力、靠前发力,落实落细落好稳经济一揽子政策和接续政策,全力助企纾困,金融运行呈现"总量有力、结构优化、利率下降、风险可控"的良好态势,为经济稳进提质提供强有力的支持。

一、2022 年杭州市金融运行概况

杭州市金融业认真落实稳健货币政策,做好逆周期调节和结构性管理,以灵活方式积极应对不确定性。2022 年全市实现金融业增加值 2407 亿元,同比增长 7.5%,占全市生产总值(GDP)比重 12.8%,较上年提高 0.7 个百分点。

(一)银行业稳步发展,信贷规模平稳增长

1.银行业规模进一步扩大,经营绩效保持良好

截至 2022 年末,在杭银行业金融机构共有 86 家。2022 年末杭州金融机构存贷款情况如表 1 所示。

表 1　2022 年末杭州金融机构本外币存贷款情况

单位:亿元

机 构	存款余额	贷款余额
政策性银行	441.25	5804.86
商业银行	53045.80	43158.92
其中:国有商业银行	25484.92	18160.19
股份制商业银行	17180.50	17187.84
城市商业银行	10380.38	7810.89
农村合作机构	8520.55	6527.24
邮储银行	1137.69	1854.36
民营银行	3008.85	2380.39
村镇银行	123.21	126.01
财务、信托、租赁公司	1435.64	2002.73
外资银行	547.48	538.12

数据来源:中国人民银行浙江省分行。

2.存款持续增长

截至 2022 年末,杭州市金融机构本外币存款余额 69592.03 亿元,同比增长 14%;2022 年存款累计新增 8547.74 亿元,同比多增 1749.91 亿元。从存款结构看:一是住户存款同比多增。2022 年,全市住户存款新增 3995.88 亿元,同比多增 2575.60 亿元,年末住户存款余额 19814.42 亿元,同比增长 25.26%。二是非金融企业存款增长较快。2022 年,全市非金融企业存款余额 31917.91 亿元,同比增长 17.25%。三是广义政府存款总量持续增长。2022 年,全市广义政府存款余额 11752.89 亿元,同比增长 12.23%。其中,全市财政性存款和机关团体存款余额分别为 2520.98 亿元和 9231.90 亿元,分别同比增长 20.44% 和 10.18%。四是非银行业金融机构存款趋降。2022 年全市非银行业金融机构存款余额 4851.73 亿元,同比减少 17.59%。

3.贷款保持增长,不良率总体稳定

截至 2022 年末,杭州市金融机构本外币各项贷款余额 62306.30 亿元,同比增长 10.72%,全年累计新增贷款 6031.53 亿元。从贷款部门结构看,年末全市住户贷款余额 24531.29 亿元,比年初新增 1883.17 亿元,同比增长 8.31%;非金融企业及机关团体贷款余额 37455.73 亿元,比年初新增 4219.78 亿元,同比增长 12.69%。从贷款期限结构看,年末中长期贷款余额 39827.56 亿元,比年初新增 4097.89 亿元,同比增长 11.46%;年末短期贷款余额 18328.62 亿元,比年初新增 1514.53 亿元,同比增长 9.01%。从贷款质量看,年末全市不良贷款余额 484.92 亿元,比年初增加 30.35 亿元;不良贷款率 0.77%,比年初下降 0.03 个百分点。

(二)证券业略有波折,融资规模稳步增长

2022 年,受全球资本市场波动影响,杭州证券期货业发展略有波折,代理交易量总体平稳,机构经营业绩短期承压,资本市场融资稳步增长,有效支持实体经济(见表2)。

表 2　2022 年杭州证券业基本情况

项　目	数　量
总部设在辖内的证券公司数(含资管公司)/家	5
证券营业部数/家	261
总部设在辖内的公募基金公司数/家	1
总部设在辖内的期货公司数/家	10
期货营业部数/家	71
年末国内上市公司数/家	216
境内上市公司年度累计募集资金总额/亿元	698.75
其中:首次发行累计筹资额/亿元	165.65
再融资累计筹资额/亿元	533.10

数据来源:浙江证监局、杭州市地方金融监管局。

1.证券期货业经营绩效短期承压

2022 年末,全市共有法人证券公司(含资产管理公司)5 家,证券营业部 261 家,证券投资咨询机构 3 家。证券经营机构全年累计代理交易额 32.47 万亿元,同比增长 0.01%;实现利润 8.41 亿元,同比下降 49.12%。

各法人证券公司继续推动证券经纪业务转型和产品创新。期货经营机构代理交易额 66.65 万亿元,同比下降 5.14%;实现利润 13.3 亿元,同比下降 39.13%。

2.资本市场融资稳步增长

2022 年末,全市共有上市公司 285 家,其中境内上市 216 家;全年新增上市公司 27 家,IPO 融资 222.45 亿元。年末创业板上市公司 63 家,当年新增 5 家。境内上市公司中,主板上市 123 家,创业板上市 63 家,科创板上市 26 家,北交所上市 4 家;"新三板"挂牌企业累计达 187 家。

(三)保险业加快发展,市场体系日益完善

2022 年,全市保险业务规模持续增长,服务领域不断拓宽,有效发挥经济补偿和风险保障功能,强化服务实体经济能力。

1.保险机构体系日益完善

截至 2022 年末,全市共有省级以上保险机构 86 家,较上年末增加 1 家。保险机构主体更加丰富、服务体系更加完善(见表 3)。

表 3　2022 年杭州保险业基本情况

项　目	数　量
总部设在辖内的保险公司数/家	4
其中:财产险经营主体/家	2
寿险经营主体/家	2
保险公司省级分支机构/家	86
其中:财产险公司分支机构/家	38
人身险公司分支机构/家	48
保费收入(中外资)/亿元	1076.22
财产险保费收入(中外资)/亿元	337.04
人寿险保费收入(中外资)/亿元	739.18
各类赔款给付(中外资)/亿元	338.83

数据来源:国家金融监督管理总局浙江监管局。

2.保费收入加快增长

2022 年,全市保险公司保费收入 1076.22 亿元,同比增长 11.1%。其中,财产险保费收入 337.04 亿元,增长 11.3%;人身险保费收入 739.18 亿元,增长 11%。

3.风险保障功能不断增强

2022 年,全市支付各类保险赔偿款 338.83 亿元,同比增长 7.2%。其中,财产险赔付支出 204.96 亿元,增长 14.9%;人身险赔付支出 133.86 亿元,下降 2.8%。

(四)社会融资总量保持平稳,同业拆借交易量同比增长

2022 年,全市社会融资总量 8699.5 亿元。其中,通过本外币贷款融入资金 6141.7 亿元;直接融资(银行间市场债务融资工具、公司债券、企业债券、股票融资)占比 11.95%。2022 年,全市银行间市场成员累计拆借 77671 亿元,同比增长 13%,净拆入资金共计 45893 亿元。

(五)金融服务持续优化

1.信用体系日趋完善

一是持续完善征信系统建设,提升征信服务水平。截至 2022 年末,全市共 73 家放贷机构接入征信系统,覆盖商业银行、消费金融公司、担保公司、小额贷款公司等各类机构,有效助力防范金融风险。二是多元化、多层次的征信市场体系逐步形成。截至 2022 年末,全市共有备案企业征信机构 7 家,信用评级机构 5 家,全年对外提供企业征信服务 21.44 亿次,信用评级、评分服务约 4500 笔。三是中小微企业和农村信用体系建设持续深化。截至 2022 年末,杭州征信有限公司运营杭州市地方征信平台累计为 11.7 万户中小微企业建立信用档案,其中有 7.96 万户企业获得银行 2826.55 亿元信贷支持。已累计为全市 120.08 万农户、6725 户新型农业经营主体建立信用档案,对已建档农户累计发放贷款 7284.69 亿元,有效达到金融支农支小的目的。

2.支付体系建设稳步推进

一是支付清算系统稳定运行。加强支付清算系统业务连续性管理,实

现系统安全稳定运行,保障资金安全高效划转。2022年,杭州市共处理大、小额支付系统和网上支付跨行清算系统业务3.42亿笔、金额417.7万亿元。二是推进移动支付之城建设。大力推进移动支付在商贸和民生领域的应用,促进银行业移动支付发展,全市移动支付普及率达95%,银行业移动支付市场份额提高至44%。三是持续优化账户服务。深化本外币合一银行账户体系试点,将试点范围扩大8家银行,开立试点账户2.82万户,办理人民币资金收付3.09万亿元、外币资金收付150.8亿美元。四是全面推进涉诈"资金链"治理。组织银行机构围绕源头治理、技术反制、预警劝阻、宣传教育等采取系列创新措施,深入推进涉诈"资金链"治理,有效遏制电信网络诈骗案件高发态势。全市电信网络诈骗案件数量、案损金额同比分别下降31.7%和32.9%。五是全面推进支付机构风险整治。组织开展支付机构风险整治行动,查处4家支付机构,推动1家预付卡机构退出市场,支付机构风险事件频发态势得到有效遏制。

3.外汇管理服务便利化进一步提升

截至2022年末,全市有1168个银行机构网点开办结售汇业务,239个银行机构网点开办远期结售汇业务、173个银行机构网点经营期权业务。截至2022年末,全市远期结售汇履约额211.9亿美元,同比下降2%,套期保值比率17.9%,同比提高1.3个百分点。积极利用金融科技,为缓解企业"融资难"提供新解决方案。截至2022年末,全市共1310家企业通过跨境金融服务平台办理贸易融资业务,涉及业务20926笔,融资金额37.59亿美元。在外汇收支便利化试点方面,截至2022年末,杭州市共有373家企业开展贸易外汇收支便利化试点,累计办理试点业务21万笔、金额482亿美元。截至2022年末,全市共有49家企业参与跨境资金集中运营,2022年跨国公司国内资金主账户跨境收支合计62.86亿美元,占全省(含宁波)的34.31%。2022年杭州市共办理资本项目外汇收入支付便利化试点业务2.5万笔,支付金额21亿美元。

4.跨境人民币业务快速发展

2022年,全市跨境人民币累计结算量7953.2亿元,同比增长26.6%。

二、主要工作举措

（一）围绕服务实体经济，深化融资畅通，为杭州经济稳进提质提供了有力资金支持

认真贯彻执行稳健的货币政策，保持融资总量稳定增长，推动全市金融运行实现"开门稳""开门红"。2022 年各项贷款新增 6032 亿元，占全省贷款增量的 25.1%；各项贷款年末余额 6.23 万亿元，同比增长 10.7%，高于全国 0.3 个百分点。全市企业发行债务融资工具 2269 亿元，占全省民营企业发行量的 44.6%，其中民营企业发行 427 亿元，同比增长 36.4%，占全省发行量的 60.3%；债务融资工具发行利率同比下降 0.41 个百分点，其中民营企业发行利率同比下降 0.61 个百分点。

（二）围绕重点领域融资保障，加大支持力度，助力杭州创建共同富裕示范区城市范例

围绕"三个一号工程"和"十项重大工程"，开展"两促一提"专项行动和"金融支持先进制造业集聚发展专项行动"，信贷投放结构持续优化。2022 年，全市民营经济、普惠小微、制造业、涉农贷款分别新增 3684 亿元、2159 亿元、972 亿元和 1347 亿元，同比分别多增 762 亿元、34 亿元、373 亿元、311 亿元。贷款利率稳中有降。2022 年，全市企业贷款利率、小微企业贷款利率同比分别下降 0.44 个、0.33 个百分点。

（三）围绕深化金融改革，强化创新驱动，大力支持杭州国际金融科技中心建设

支持杭州获批科创金融改革试验区，加快构建多层次、全覆盖、可持续的科创金融服务体系；鼓励金融机构和金融科技企业守正创新，深化金融科技创新监管工具实施工作；落实亚运会筹办工作部署，开展倒计时 200 天金融服务保障攻坚行动，着力打造"2＋4＋3"亚运会金融服务保障体系，充分满足境内外人员多币种、多渠道、多场景的金融服务需求，着力提升亚运城市环境品质。

（四）围绕涉外经济发展，优化外汇服务，不断提升杭州跨境金融服务水平

深入实施汇率避险三年行动，开展"外汇联络员暖心助企"活动；持续推进新型离岸国际贸易外汇试点，深化贸易投资便利化改革，专精特新企业等优质中小企业贸易外汇结算便利性不断提升。深化本外币合一银行账户体系试点，进一步扩大政策惠及面。值得注意的是，在外需疲软等因素作用下，部分外贸企业出口受阻，跨境收支阶段性承压。2022 年，杭州市跨境收支总额 3674.24 亿美元，同比下降 4.55%，顺差 40.54 亿美元。

（五）围绕防控金融风险，统筹发展与安全，全力维护好杭州良好的金融生态

加强前瞻性研判和防控风险隐患，全市无高风险金融机构和亚健康机构。2022 年末，全市不良贷款余额 484.92 亿元，比年初上升 30.35 亿元；不良贷款率 0.77%，比年初下降 0.03 个百分点，连续 25 个月保持在 1% 以下的较低水平。贯彻《反电信网络诈骗法》，开展打击治理电信网络诈骗"春雷行动"，落实金融行业监管职责，压降涉案账户数量，守好人民群众"钱袋子"。

三、下一步工作重点

（一）以服务实体经济为根本，着力为稳定经济大盘提供有力的资金保障

一方面，保持融资稳定增长。综合运用货币政策、信贷政策、金融市场工具，引导金融机构加大信贷投放；持续实施债券融资支持工具，积极运用"第二支箭"支持民企在银行间市场发债融资；确保社融规模增速同名义经济增速充分匹配。另一方面，推动让利实体经济。积极运用再贷款再贴现等货币政策工具，引导金融机构发放优惠利率贷款。发挥 LPR 改革效能和存款利率市场化调整机制作用,推动企业融资成本稳中有降。

(二)以提升金融服务获得感为目标,助力杭州争当共同富裕城市范例

发挥好结构性货币政策工具精准滴灌作用。民营小微方面,落实民企融资"两个一致",夯实"敢贷、愿贷、能贷、会贷"长效机制建设,深化小微企业和个体工商户信用融资破难行动,推广"贷款码",拓展"首贷户",落实延期还本付息,推动首贷、信用贷稳步增长。制造业方面,推动设备更新改造专项再贷款、交通物流专项再贷款、碳减排支持工具更多更好落地,引导金融资源更多向中高端制造业产业集聚,推动环境权益类抵质押贷款扩面增量。房地产方面,推动房地产融资平稳有序,满足行业合理融资需求。全力做好保交楼金融支持,落实好保交楼专项借款和保交楼贷款支持计划。建立新发放首套住房商业性个人住房贷款利率政策动态调整长效机制,支持刚性和改善性住房需求。乡村振兴方面,抓好山区 26 县"一县一方案"在淳安的实施,强化央行再贷款再贴现资金支持,撬动银行扩大信贷投放,确保涉农贷款增速高于各项贷款平均增速。扩大内需方面,以满足新市民需求为重点,指导金融机构开发更多适销对路的金融产品,鼓励住房、汽车等大宗商品消费,加强对教育、文化、体育、娱乐等重点服务领域消费的金融支持。

(三)以创新驱动为导向,着力打造金融改革杭州样板

着眼金融、科技和产业良性循环互动,紧扣杭州国际金融科技中心建设,打造具有辨识度的区域金融改革样板。一方面,支持杭州全面启动科创金融改革试验区建设。在健全科创金融组织体系、产品创新、直接融资等方面创新实践,加快构建广渠道、多层次、全覆盖、可持续的科创金融服务体系,支持原始创新、技术创新和产业创新,助力打造科技创新和制造业研发生产新高地。另一方面,持续提升金融科技成果转化和应用水平。在前期金融科技创新监管试点基础上,进一步发挥创新监管工具的引领、护航和孵化作用,引导金融机构、科技公司守正创新,做好金融科技创新监管工具的实施,推动金融领域数字化改革延伸扩面。

(四)以亚运会保障为重点,着力提升金融服务和管理水平

一是深化移动支付之城建设,加大对重点商户、重点区域 ATM 受理外卡改造力度,优化外币兑换、现金供应等金融服务。深化本外币合一银行账户体系试点建设。深化农村金融服务站建设,打造农村基础金融服务平台。二是加快数字人民币试点应用,围绕"增量扩面、提质增效"目标,提升数字人民币试点交易规模、活跃度、创新性,实现应用场景领域全覆盖,并以此促进生产消费、活跃数字经济。三是加强征信体系建设,完善省企业信用信息服务平台,深化金融碳账户、首贷支持中心、汇率避险、贷款码等场景应用,不断提升金融服务效率。

(五)以安全发展为底色,着力创造和谐稳定的区域金融环境

健全风险监测、预警和处置框架,切实做到风险事前有监测、事中有跟踪、事后有措施。一是持续加强监测研判。重点关注资质较弱的民营、房地产和城投企业,提前摸底了解企业的偿付资金安排,切实做到风险的早期识别和预警,配合做好舆情应对和风险化解工作。二是巩固好高风险机构清零成果。依托"亚健康"机构排雷行动,加强"央行金融机构评级、存款保险、硬约束早期纠正"等三项机制运用,持续做好中小法人银行风险防控。三是深入参与社会治理,持续规范金融机构经营行为,有序推动金融控股公司申设,深入推进涉诈"资金链"精准治理,保持对地下钱庄、跨境赌博、虚拟货币等非法金融活动的高压打击态势,推动打击治理洗钱违法犯罪三年行动走深走实。

(六)以深化"放管服"改革为抓手,着力支持全市开放经济高水平发展

一是深化外汇领域改革开放。扩大优质企业贸易收支便利化试点企业覆盖面。推进杭州海外人才用汇便利化试点,满足个人用汇需求。深化本外币一体化资金池试点,便利跨国公司灵活调配境内外资金。推动跨境融资便利化试点提质增效,助力企业拓宽融资渠道。二是优化中小企业外汇金融服务。持续开展"汇及万家"宣传和外汇联络员服务,畅通便利化政策传导。深入开展"汇率避险三年行动",促进汇率避险首办户企业数量持续提高。深化跨境金融服务平台应用,开展融资授信银企对接试点,推进出口信保中小企业险融资等新场景应用。三是推动跨境人民币业务稳量提效。继续开展"首办户"拓展行动,推动跨境人民币首办户数量继续扩面;推动新型离岸国际贸易等贸易新业态使用跨境人民币结算扩面增量。

行　业　篇

2022 年杭州市银行业发展报告

国家金融监督管理总局浙江监管局

2022 年,面对复杂严峻的国内外环境,杭州银行业坚持"稳字当头、稳中求进",加大实体经济支持力度,夯实信贷投放,优化金融服务,强化金融支持稳经济保民生作用,着力实现"稳增长"与"防风险"的平衡,深度融入"两个先行"的杭州实践。

截至 2022 年末,在杭银行业金融机构共有 86 家[①]。其中,政策性银行 3 家、大型国有商业银行 6 家、股份制银行 12 家、城市商业银行 14 家、民营银行 1 家、农村中小金融机构 18 家、外资银行 12 家、金融资产管理公司 4 家、信托公司 4 家、财务公司 8 家、金融租赁公司 1 家、汽车金融公司 1 家、消费金融公司 1 家、商业银行理财子公司 1 家。各类营业网点数超 2400 家,从业人数近 7 万人,金融服务覆盖面进一步延伸,金融供给更加均衡。

一、杭州银行业 2022 年总体运行情况

(一)资产、负债平稳增长,增速均小幅回升

截至 2022 年末,杭州银行业总资产 9.25 万亿元,同比增加 9926.46 亿元,增速 12.03%,较 2021 年回升 0.59 个百分点,其中城商行、农商行增速相对较快,城商行资产首次超过股份制银行;总负债 8.92 万亿元,同比增加 9683.96 亿元,增速 12.18%,较 2021 年回升 0.87 个百分点。

---

① 按照法人口径统计。

(二)贷款增速持续放缓,存款增长明显加快

截至 2022 年末,杭州市各项贷款余额 62306.3 亿元[①],同比增长 10.7%,较 2021 年、2020 年分别回落 2.3 个、7.2 个百分点;各项存款余额 69592.03 亿元,同比增长 14.0%,其中定期及其他存款余额 33736.74 亿元,同比增长 25.92%,存款定期化现象明显。

(三)净利润增速小幅上升,呈现企稳回升态势

2022 年,受资产规模扩张带动利息净收入增加等因素影响,杭州银行业累计实现净利润 667.39 亿元,同比增加 47.33 亿元,增速 7.63%,较 2021 年、2020 年分别上升 0.12 个、11.62 个百分点。

(四)资产质量总体稳定,风险抵御能力持续增强

截至 2022 年末,不良贷款余额 484.92 亿元,不良贷款率(0.77%)与上年度基本持平,仍然保持低位。为应对经济形势变化,杭州银行业继续增提拨备,年末拨备覆盖率 363.37%,同比提升 10.92 个百分点。

二、杭州银行业服务实体经济主要成效

(一)稳企惠企政策有效落地

2022 年,无还本续贷累放金额 1789.5 亿元,为企业节约转贷成本近 18 亿元。"双保"助力融资持续发力,累计发放"双保"助力贷 446.99 亿元,惠及中小企业 1.54 万户。企业"连续贷+灵活贷"机制贷款余额 8112.6 亿元,已覆盖逾半数企业流动资金贷款,更精准匹配经营周期。

(二)制造业、科技贷款增长进入快车道

2022 年,制造业贷款增速(23.69%)创 10 年来新高,中长期贷款占比

---

① 各项贷款、各项存款数据均采用人民银行口径。

升至 47.47%;制造业技改贷款余额 346.43 亿元,同比增长 85.31%。科技型中小微企业、数字经济核心产业、战略性新兴产业和高技术产业贷款余额同比分别增长 39.94%、43.07%、46.70% 和 31.69%。

(三)普惠、民营贷款持续快速增长

2022 年,普惠型小微企业贷款余额 9569.06 亿元,增速 29.37%,持续大幅高于各项贷款增速;贷款利率(5.31%)继续下降,同比下降 0.54 个百分点。民营企业贷款余额 24605.31 亿元,同比增长 18.49%,占企业贷款的比重(55.21%)连续提升,较 2021 年、2020 年分别上升 1.77 个、7.28 个百分点。

(四)涉农贷款占比稳步提升

2022 年,农村中小法人机构涉农贷款余额 2363.26 亿元,同比增长 16.74%,连续多年高于各项贷款增速。"农户家庭资产负债表"建档覆盖率 64.37%,户均授信额度 32.72 万元。山区四县贷款余额 3761.54 亿元,同比增长 18.65%,4 年内实现翻番[①]。

三、杭州银行业高质量发展及服务实体经济面临的挑战

(一)投资、消费意愿仍待复苏,贷款需求减弱

2022 年,有效需求乏力态势延续。企业端,融资意愿不强,提前还款、到期不续贷、主动用信少情况增多,据统计,杭州地区仅大型银行的企业客户提前还贷额已超千亿元。个人端,储蓄倾向增强、消费倾向降低,住户存款新增量为上年同期的 2.8 倍,短期消费贷款余额同比负增长[②]。房地产端,居民持币观望气氛依旧浓厚,个人住房按揭贷款占各项贷款比重同比下降 1.13 个百分点。

---

① 山区四县贷款余额数据采用人民银行口径。
② 住户存款、消费贷款数据均采用人民银行口径。

(二)持续高增长和边际产出处于低位,新增投放难度逐步加大

近年来,杭州各项贷款长期保持高增长态势,近十年贷款年均增速超13%。但同时,资金边际产出处于低位,2022 年,杭州各项贷款/全市生产总值(GDP)比例(332.25%)高于全省平均水平 88 个百分点[①]。信贷可持续增长的关键是产出效率,资金边际产出持续走低,导致新增贷款投放难度逐步加大。

(三)净息差收窄趋势明显,不同类型银行降幅差异较大

2022 年,杭州银行业净息差延续下行态势,年末已下降至 1.92%,同比降低 0.18 个百分点,为 2018 年以来最低。疫情三年来,农商行、新型农村金融机构净息差降幅较大,分别比 2019 年末下降 0.66 个、0.88 个百分点。

(四)不良及逾期贷款新增加快,房地产领域信贷风险需持续关注

新发生不良贷款同比增加 85.72 亿元,逾期 30 天以上贷款同比增加7.69%,逾期贷款与不良贷款比例上升至 115.02%。房地产领域风险虽趋于收敛,但存量化解任务压力依旧较大。个别银行流动性监管指标未全面达标;村镇银行受财政性存款流失、豫皖村镇银行事件等影响,存款增长乏力。

四、2023 年杭州银行业发展展望

2023 年,是全面贯彻落实党的二十大精神开局之年,也是"八八战略"实施二十周年,做好经济金融工作意义重大。展望下一阶段形势,贷款需求不足、信用风险防控是两大主要挑战,杭州银行业将进一步强化对实体经济的支持力度,更加重视稳总量、优结构,为杭州全面深化"奋进新时代、建设新天堂"系列变革性实践、大力实施三个"一号工程"贡献金融力量。

[①] 各项贷款数据采用人民银行口径。

(一)全力助推经济高质量发展

全面对接省市"8＋4"经济政策体系,持续推进金融政策紧密协同产业政策、财政政策、社会政策,提振市场主体信心、激发市场主体活力。抓实抓细已出台的各项稳经济政策落地,深化"连续贷＋灵活贷""双保"助力贷等机制,助力受疫情影响行业企业恢复发展。大力推动降低融资成本,持续深化各类减负降本措施,切实减轻企业负担。

(二)加大重点领域金融支持力度

围绕杭州市关于推动经济高质量发展的若干政策,支持恢复和扩大消费、扩大有效投资、外贸拓市场抢订单。助力现代化产业体系建设,支持先进制造业集群培育,促进现代服务业高质量发展和完善金融支持创新体系。深化共同富裕金融支持,支持山区四县经济发展,深化推广"农户家庭资产负债表融资模式",推进新市民分层分类服务。

(三)进一步深化金融改革创新

深化数字化改革,加快省金融综合服务平台迭代。持续推进国家区块链创新应用试点,深化"贷后资金监管"和"跨行流水验真"场景试点应用。推动个人养老金先行工作,规范和促进个人养老金融业务发展。加大对科技创新支持力度和路径研究,围绕推动"科技—产业—金融"良性循环,进一步完善科技金融服务配套。继续支持国家营商环境创新试点城市创建,推动"两电"(银行贷款领域电子证照、电子签章)应用改革试点增量扩面。

(四)防范化解金融领域重点风险

加强信用风险前瞻性管理。推动重点机构加快不良处置,力争全口径不良率稳步下降。加快房地产等领域存量风险压降。运用大数据、人工智能、区块链等技术手段,加强风控能力建设,提升金融风险提前研判能力。强化流动性风险监测,进一步压实法人机构管理主体责任,完善流动性风险处置应急机制。针对性开展辖内村镇银行风险排查,及时发现风险隐患及早督促整改。

2022 年杭州市保险业发展报告

国家金融监督管理总局浙江监管局

2022 年,杭州保险业紧紧围绕杭州市委、市政府中心工作,深化保险业改革,持续发挥保障功能,加大产品和服务创新,为杭州在以"两个先行"打造"重要窗口"中展现头雁风采贡献金融力量。

一、杭州市保险业运行状况

截至 2022 年末,杭州保险业保费收入 1076.22 亿元,同比增长 11.06%,高于全省 1.64 个百分点;赔付支出 338.83 亿元,同比增长 7.21%,高于全省 2.72 个百分点。其中,财产险公司实现保费收入 337.04 亿元,同比增长 11.25%,赔付支出 204.96 亿元,同比增长 14.94%;人身险公司实现保费收入 739.18 亿元,同比增长 10.97%,赔付支出 133.86 亿元,同比下降 2.81%。截至 2022 年末,在杭保险机构 86 家[①](财产险公司 38 家、人身险公司 48 家)、从业人员 4.52 万人,保险专业中介法人机构 82 家。

二、杭州保险业服务实体经济举措及成效

(一)健全普惠保险体系,强化重点人群保障

一是深化推进惠民型商业补充医疗保险承保扩面,持续践行"人群广覆盖""保障可衔接""商业可持续"的发展目标。2021 年至 2022 年,杭州市

---

① 按照法人口径统计。

"西湖益联保"累计承保 967.4 万人,占基本医保参保人数约 43.6%,累计赔付 118.5 万人次,赔付金额 12.4 亿元。二是深化专属商业养老保险试点工作,探索商业保险参与养老服务体系建设,通过直接投资养老产业或与养老照护机构开展合作等多种途径,初步形成"机构＋社区＋居家"的多元化商业保险养老模式。三是发挥专属普惠保险产品的金融帮扶作用,改善新市民等特定风险群体保险服务。对来杭务工、网约车、外卖员等新市民、灵活用工人员群体提供保障支持。

(二)优化小微金融服务,加大稳企助企力度

一是降低小微企业的投保成本、资信服务费率,提升企业的获得感。二是发挥保险资金体量大、周期长的优势,与银行、创投机构等通力协作,加大对初创企业投资力度。三是深化"银保"合作,不断扩大保单融资规模,全力服务稳外贸。比如,以"政策性信保＋银行授信＋政策风险担保"为融资模式的"杭信贷"业务稳步提升,有效拓宽小微外贸企业融资渠道;截至 2022 年末,"杭信贷"合作银行已扩展至 18 家,累计授信企业 176 家次,授信金额 12.79 亿元,发放贷款 6.78 亿元。

(三)科技保险提质增效,全力赋能科技创新

一是率先发布专利合作条约(PCT)国际专利、马德里国际商标、海牙工业品外观申请费用补偿保险等创新险种,初步形成覆盖申请费用补偿、被侵权损失及侵权责任、科技成果应用转化、商业秘密保护等全链条风险的产品体系,2022 年累计为杭州地区的径山茶、千岛湖鱼等商标、专利、地理标志等提供风险保障 1700 万元。二是完善首台(套)保险补偿工作机制,支持杭州医疗器械创新产品推向市场。如,某财产险杭州支公司为辖内某企业生产的中药智能化煎制系统提供风险保障 1.03 亿元。

(四)农业保险扩面增品,深入助力乡村振兴

一是全域推行政策性水稻完全成本保额补充保险,最高保额基本覆盖水稻种植总成本,有效提升农业保险保障水平。二是深入调研农产品风险保障需求,创新推出特色农业保险,丰富地方优势特色农产品保险供给,为山核桃采收、中药材、菌菇类、茶叶等地方优势特色产业发展提供风险保障。

三、2023 年杭州保险业发展展望

(一)支持经济恢复和高质量发展,保险供给将更加精准有力

助力现代产业体系建设,深化知识产权保险改革创新,探索开展科技成果"先用后转"保险,稳步发展首台(套)重大技术装备、首批次重点新材料等保险,不断完善科技保险产品体系。加大绿色发展支持力度,对能源、工业、建筑等重点领域实施差异化金融服务,发展绿色保险产品。深化险资运用机制建设,发挥在重大基础设施项目建设、支持科创发展等方面的作用。支持扩消费稳外贸提振需求,巩固出口信用保险费率"三降"成果,拓宽小微外贸企业政府统保覆盖面。

(二)聚焦民生福祉增长,保险保障功能将进一步发挥

稳健发展个人养老金业务,加强与人社部门的协同配合,丰富产品和服务供给。优化专属商业养老保险产品和服务,探索创新承保路径,及时总结试点成效。深化推进惠民型商业补充医疗保险,建立健全回溯评估机制,创新升级增值服务,优化全域"一站式"结算。持续推进农业保险提质拓面增效,鼓励发展新型农业经营主体综合险等地方特色险种,深化水稻等完全成本保险试点,探索水稻、生猪等收入类保险试点。落实扩大商业车险自主定价系数浮动范围改革工作,探索建立高赔付车辆投保需求登记平台,推广应用非伤人交通事故快速处理一件事机制,巩固深化"两难"问题整治成效。

(三)夯实合规经营根基,消费者权益保护将进一步加强

持续开展市场乱象整治工作,完善合规制度体系,强化重点领域、关键环节的案件风险防控。优化考核约束机制,强化对从业人员、销售行为、保单品质的全面管理和违规行为问责。深化保险销售溯源管理,加大风险提示力度,切实加强金融消费者权益保护。

2022 年杭州市资本市场发展报告

浙江证监局

2022 年,杭州市坚持以习近平新时代中国特色社会主义思想为指导,全面贯彻党的二十大精神,认真落实习近平总书记对杭州工作的重要指示批示精神,统筹打好疫情防控、稳进提质、除险保安组合拳,有效促进杭州资本市场平稳运行。

一、杭州资本市场发展概况

(一)上市公司数量领先,后备企业资源充足

2022 年,杭州市新增境内上市公司 15 家[①],占浙江省新增总数的 29.41%,位居全省第一。截至 2022 年底,杭州市有境内上市公司 216 家,其中主板上市公司 123 家、北交所上市公司 4 家、创业板上市公司 63 家、科创板上市公司 26 家;新三板挂牌企业 187 家;浙江股权交易中心挂牌展示企业 2869 家。截至 2022 年底,全市有拟境内上市企业 133 家,其中辅导期企业 91 家、已报会待审核企业 37 家、已过会待发行企业 5 家。杭州上市公司数量在省内各地市中位居榜首,后备企业资源充足,且在各市场板块间形成了良好的梯队效应,为各类企业对接多层次资本市场发展奠定了坚实的基础。

---

① 2022 年全市 IPO 上市新增 15 家,其中 IPO 新增 15 家,顺发恒业迁入增加 1 家,*ST 天马迁出减少 1 家,因此合计新增 15 家。

（二）股债融资持续活跃，融资渠道进一步拓展

如表 1 所示，2022 年，杭州市有 15 家公司在境内 A 股市场完成首发融资共 165.65 亿元，同比下降 51.22%。其中，2 家公司在主板上市，融资 10.67 亿元；5 家公司在创业板上市，融资 60.93 亿元；5 家公司在科创板上市，融资 88.95 亿元；3 家公司在北交所上市，融资 5.10 亿元。除首发融资外，有 51 家上市公司实施再融资共 533.09 亿元，融资额同比下降 12.38%。其中，39 家上市公司增发融资 154.00 亿元，融资额同比下降 26.51%；13 家上市公司通过可转债、公司债及资产支持证券（ABS）融资 292.64 亿元，融资额同比下降 26.64%；2 家上市公司通过配股融资 86.45 亿元。此外，2022 年，杭州有 46 家企业发行公司债券 78 只，融资 835.90 亿元，融资额同比下降 18.92%；新增 1 单 REITs 发行，募集资金 14.04 亿元。

表 1　2022 年杭州市境内上市公司情况

序号	指标名称	单位	2021 年末数	2022 年新增数	2022 年末数
1	境内上市公司	家	201	15	216
2	其中：主板①	家	121	2	123
3	创业板	家	58	5	63
4	科创板	家	21	5	26
5	北交所	家	1	3	4
6	募集资金②	亿元	5577.22	698.74	6275.96
7	其中：首发融资	亿元	1487.37	165.65	1653.02
8	其中：主板	亿元	950.91	10.67	961.58
9	创业板	亿元	314.64	60.93	375.57
10	科创板	亿元	221.01	88.95	309.96
11	北交所	亿元	0.81	5.10	5.91

① 2022 年 4 月 6 日，深交所主板与中小板合并正式实施，本文中主板数据均按合并后口径统计。同比基数为 2020 年度或 2020 年 12 月 31 日的主板与中小板合并数据。

② 募集资金包括杭州境内上市公司首发融资、交易所股票市场再融资（增发融资、优先股融资和配股融资）和交易所债券市场融资（公司债、可转债、可交换债和资产证券化产品）。

序号	指标名称	单位	2021 年末数	2022 年新增数	2022 年末数
12	再融资①	亿元	4089.85	533.09	4622.94
13	过会待发企业	家	3	—	5
14	已报会企业	家	31	—	37
15	辅导期企业	家	103	—	91

（三）证券基金行业健康发展，综合竞争力显著提升

截至 2022 年底，全市有证券公司 3 家、分公司 71 家、营业部 261 家，证券资产管理公司 2 家，证券投资咨询机构 3 家，公募基金管理公司 1 家；全市证券投资者开户数 891.18 万户；证券经营机构托管市值 2.75 万亿元，客户交易结算资金余额 755.91 亿元。2022 年，全市证券经营机构共实现代理交易额 32.47 万亿元、手续费收入 49.48 亿元、利润总额 8.41 亿元；全市证券公司实现营业收入 87.11 亿元，实现利润总额 29.52 亿元。截至 2022 年底，公募基金管理公司管理规模 643.05 亿元。2022 年，全省证券公司深耕浙江，与多个地市政府、国有企业、金融机构深化战略合作，推荐优质企业进入资本市场；多措并举为疫情影响严重地区和行业提供股权融资和债券融资服务；围绕浙江"共同富裕示范区建设"，进一步把资本市场服务网络下沉到浙江各县市区。

（四）期货行业开拓创新，期现结合助企富农

如表 2 所示，截至 2022 年底，全市有期货公司 10 家、分公司 42 家、营业部 71 家；全市期货投资者开户数 43.43 万户，客户保证金余额 1036.31 亿元。如表 3 所示，2022 年，全市期货经营机构共实现代理交易额 66.65 万亿元、手续费收入 21.64 亿元、利润总额 13.30 亿元；期货公司共实现代理交易额 65.54 万亿元、营业收入 36.08 亿元、利润总额 13.22 亿元。2022 年，全市期货公司积极服务大宗商品保供稳价，加强农业经营主体服务，推

---

① 包括杭州境内上市公司交易所股票市场再融资（增发融资、优先股融资和配股融资）和交易所债券市场融资（公司债、可转债、可交换债和资产证券化产品）。

广生猪等农产品"保险＋期货"助力乡村振兴。

表 2 2022 年杭州市证券期货经营机构情况

序号	指标名称	单位	2021 年末数	2022 年新增数	2022 年末数
1	证券公司	家	3	0	3
2	证券资产管理公司	家	2	0	2
3	证券分公司	家	63	8	71
4	证券营业部	家	265	—4	261
5	证券投资咨询机构	家	3	0	3
6	公募基金管理公司	家	1	0	1
7	证券从业人员	人	6707	310	7017
8	期货公司数	家	10	0	10
9	期货分公司	家	36	6	42
10	期货营业部数	家	71	0	71

表 3 2022 年杭州市证券期货交易情况

序号	指标名称	单位	2021 年末数/ 2021 年全年	2022 年末数/ 2022 年全年
1	证券经营机构代理交易金额	亿元	324665.70	324698.71
2	其中：A、B 股交易额	亿元	210975.49	179971.03
3	基金交易额	亿元	6941.80	6206.41
4	证券经营机构代理交易手续费收入	亿元	59.65	49.48
5	证券经营机构利润总额	亿元	16.53	8.41
6	证券经营机构托管市值	亿元	29352.41	27457.66
7	证券经营机构客户交易结算资金余额	亿元	687.15	755.91
8	证券投资者开户数	万户	908.69	891.18
9	期货经营机构代理交易金额	亿元	702580.90	666455.67
10	期货经营机构代理交易手续费收入	亿元	25.49	21.64
11	期货经营机构利润总额	亿元	21.85	13.30
12	期货经营机构客户保证金余额	亿元	951.92	1036.31
13	期货投资者开户数	万户	35.66	43.43

(五)私募行业稳健发展,管理规模稳步增长

近年来,杭州市私募基金管理机构投融资活跃,管理规模持续增长,在支持企业股权融资、促进创新资本形成、服务居民财富增长等方面继续发挥积极作用。杭州市、区两级政府高度重视私募基金集聚发展、规范发展,打造了玉皇山南基金小镇、湘湖金融小镇等特色金融小镇,持续加强私募基金规范治理和风险防范化解,推动形成良好的金融投资和发展环境。截至 2022 年底,杭州市共有 1448 家私募基金管理人完成登记,发行私募基金产品 9263 只,管理资产规模 8138 亿元,同比减少 3.8%。

二、2023 年杭州资本市场发展展望

2023 年,杭州资本市场改革发展将坚持稳字当头、稳中求进,统筹发展和安全,实现发展质量和服务实体经济质效进一步提升。一是以全面推进注册制改革为契机,支持杭州符合条件的企业精准对接多层次资本市场做优做强,引导各类企业合理利用公司债券市场融资,大力推动利用 REITs 盘活基础设施存量资产,进一步推进区域性股权市场创新试点。二是推动实施新一轮提升上市公司质量行动计划,强化信息披露与内部控制监管,提高上市公司透明度和运作规范水平,支持上市公司转型升级、做优做强,更好发挥创新领跑者和产业排头兵作用。三是督促引导证券期货机构进一步突出主业,通过差异化发展和专业化经营,更好发挥资本市场投融资中介功能。引导私募基金管理机构规范健康发展,将更多资金投向国家支持的战略性新兴产业。四是贯彻落实《健全资本市场风险预防预警处置问责制度体系实施方案》,推动进一步健全风险防控的属地合作机制,稳妥有序推进公司债券、私募基金等重点领域风险防范化解,维护杭州资本市场良好发展生态。

2022 年杭州市股权投资发展报告

杭州市地方金融监管局

一、2022 年杭州市股权投资环境简析

2022 年作为新一届杭州市政府开局之年，是深化推进"十四五"规划的重要一年。杭州市政府相关部门通过完善股权投资市场体系、通过政府引导资金撬动产业发展、优化营商环境等举措，为当地股权投资提供了良好的政策环境。

（一）持续深化健全股权投资体系建设

2022 年，杭州市抓住政策机遇，加快推进科创金融改革试验区建设工作，2022 年 11 月，中国人民银行、发展改革委等八部门联合印发《上海市、南京市、杭州市、合肥市、嘉兴市建设科创金融改革试验区总体方案》，指出要推动杭州市建设国内现代科创金融体系的实践窗口和金融服务科技创新发展的示范基地，从健全科创金融机构组织体系、推动科创金融产品创新、充分利用多层次资本市场体系、推进科技赋能金融、夯实科创金融基础、扎实推进金融风险防控六个方面提出 19 项具体政策措施，包括大力发展创业投资、强化股权投资基金培育引导、发行创业投资基金类债券等与创投发展的重要举措，为杭州市股权投资提供了良好的政策环境。

（二）继续加大对数字经济以及特色高新技术产业的投资力度，并着力打造全国最优营商环境

杭州市政府陆续发布《杭州国家人工智能创新应用先导区行动计划（2022—2024 年)》《推进全市融资担保行业持续健康发展的实施意见》《促进生物医药产业高质量发展行动方案（2022—2024 年)》《关于促进智能物联产业高质量发展的若干意见》等一系列政策推动高新技术产业发展。在投资基金方面，2022 年 11 月，杭州市《构筑科技成果转移转化首选地的若干政策措施》正式发布，设立总规模 50 亿元的科技成果转化基金，浙江省政府也于 2022 年出台《关于加快构建科技创新基金体系的若干意见》，杭州市政府出台《杭州城西科创大走廊创新发展专项资金管理办法》，加快构建科技创新基金和专项基金体系，通过政府科技创新基金、科技公益基金、科技私募基金和重大创新平台科技创新基金等四类基金撬动产业链、创新链、资金链和政策链并驱。在打造营商环境方面，2022 年 1 月，杭州市政府发布了《杭州市国家营商环境创新试点实施方案》，通过 153 项改革事项不断加快营商环境创新试点步伐，提升投资和建设便利度，持续释放政策红利，积极培育投资发展新动能。

（三）进一步提升金融业对外开放水平

杭州市于 2022 年 3 月以《区域全面经济伙伴关系协定（RCEP）》正式生效实施为契机，通过"数字＋实体"模式举办"海外杭州"2022 年启动仪式暨中国（印尼）贸易博览会，加大了 RCEP 国家市场布局，帮助企业进一步拓展市场，为吸引外资提质增效。2022 年 6 月，浙江省政府印发《关于赋予中国（浙江）自由贸易试验区一批省级管理事项权限的决定》，下放了 32 项省级管理权限，涵盖了贸易、投资、金融等方面，进一步提升了自贸区内贸易投资便利化水平，促进股权投资与改革创新的再提速。

二、2022 年杭州市股权投资市场发展概况

截至 2022 年末，共有 765 家注册于杭州市的私募基金管理人在基金

业协会登记;其中披露管理资本量的机构 154 家,披露的管理资本量为 2730.41 亿元。募资方面,2022 年上级机构总部为杭州市的投资机构共新募集基金 443 只,同比增长 10.75%;其中披露金额的 442 只,披露的募集资金为 527.89 亿元,同比降低 20.08%。

投资方面,2022 年上级机构总部为杭州市的投资机构共投资 777 笔,同比下降 2.63%;其中披露金额的 701 笔,涉及投资金额 271.36 亿元人民币,同比下降 26.15%。杭州市投资机构投资案例数最多的行业为生物技术/医疗健康行业;投资金额最多的行业为半导体及电子设备行业。投资案例数最集中的投资轮次为 A 轮,投资金额最高的投资轮次为 B 轮。杭州机构投资于杭州市企业的投资案例数量为 253 笔,占投资于浙江省企业的投资案例数量比重为 69.70%,其中披露金额的 205 笔,涉及投资金额 79.84 亿元,占投资于浙江省企业的投资金额比重为 74.58%。

退出方面,杭州市企业发生退出案例 179 笔。其中,被投企业 IPO 数量为 118 笔,IPO 退出为杭州市企业最热门的退出方式,企业通过 IPO 退出案例数占比 65.92%,占比同比下降 5.06%。

企业获得融资方面,2022 年杭州市企业获得融资案例数 707 起,同比下降 27.71%;其中披露金额的有 634 起,涉及融资金额 113.32 亿元人民币,同比下降 83.56%。杭州市企业获得融资案例数最多和投资金额最高的行业均为 IT 行业。融资案例数最集中和融资金额最高的投资轮次均为 A 轮。

三、2022 年杭州市股权投资情况

(一)早期投资发展概况

截至 2022 年 12 月 31 日,全国共有登记早期投资机构(包含私募股权、创业投资基金管理人、私募资产配置类管理人、证券公司私募基金子公司)260 家;其中,注册地为浙江的共 27 家,占比 10.38%,注册地为杭州的共 15 家,占比 5.77%。全国早期投资机构披露管理资本量的为 125 家,其中杭州市披露管理资本金额的为 9 家。全国早期投资机构披露管理资本量

1976.34亿元,杭州披露的管理资本量为94.25亿元,占比4.77%。

2022年杭州市早期投资机构新募基金9只,同比下降40.00%;9只基金披露的募资金额为9.23亿元,同比下降15.00%;平均单只基金募资规模为1.03亿元。从新募基金数量、披露的募资金额及平均单只基金募资规模来看,杭州市仅次于北京市、上海市、深圳市与西安市,排名位列全国第五位。值得关注的是,2022年西安市早期投资机构募资表现较为突出,新募基金数量达13只,位居全国第四;募资金额达22.45亿元,位居全国第三。

(二)创业投资(VC)发展概况

截至2022年12月31日,全国共有登记创业投资机构(包含私募股权、创业投资基金管理人、私募资产配置类管理人、证券公司私募基金子公司)2792家,其中杭州市创业投资机构168家,占比6.02%。全国披露管理资本量金额的创业投资机构1015家,其中杭州市披露管理资本量金额的创业投资机构52家。全国创业投资机构披露管理资本量26130.02亿元,其中杭州市创业投资机构披露的管理资本量872.60亿元,占比3.34%。

杭州市创业投资机构新募基金数量为127只,同比增长25.74%;127只新募基金募资金额合计175.98亿元,同比增长4.22%。杭州市创业投资机构新募基金数量占比为6.92%,位列全国第四;127只新募基金募资金额合计占比为3.36%,位列全国第四,募资金额排名超越苏州。

(三)私募股权投资(PE)发展概况

截至2022年12月31日,全国共有备案私募股权投资机构(包含私募股权、创业投资基金管理人、私募资产配置类管理人、证券公司私募基金子公司)10247家,其中杭州582家,占比5.68%。全国私募股权投资机构披露管理资本量的私募股权投资机构2000家,其中杭州93家;全国私募股权投资机构披露的管理资本量79540.27亿元,其中杭州市私募股权投资机构披露的管理资本量1763.56亿元,占比4.65%。

2022年杭州市私募股权投资机构募资总量排名全国第四。2022年杭州市私募股权投资机构新募基金数量 307 只,同比增长 8.10％;306 只新募基金披露的募资金额 342.68 亿元,同比下降 29.17％。2022 年杭州市私募股权投资机构新募基金数量及披露募资金额排名与 2021 年一致,均排名全国第四。

四、杭州市股权投资业发展趋势分析

(一)创新引领母基金持续扩容,区域内募资难现象有望得到缓解

2022 年,受疫情及国内外经济环境影响,杭州市投资机构募资难的现象愈发严峻。清科数据库数据显示,2022 年上级机构总部为杭州市的投资机构共新募集基金 443 只,数量上较往年有所增长,但募资金额同比明显下滑,仅为 527.89 亿元,同比降低 20.08％。针对募资难的问题,杭州在 2021 年发布的《关于金融支持服务实体经济高质量发展若干措施的通知》中提到,杭州市将设立总规模 1000 亿元的杭州市创新引领母基金,建立规范化、市场化、专业化的运转机制,通过对重大项目直接投资和参股设立投资子基金相结合的模式,推动"十四五"规划的重大产业项目集聚发展。

(二)政府产业基金产业导向逐步聚焦,将有效推动产业重点突破与升级

近年来,注册在杭州市的各级政府产业基金设立规模有所上升。截至 2022 年底,注册在杭州市的各级政府产业基金数量达 64 只,涉及目标规模近 4000 亿元。从政府产业基金类型来看,注册在杭州市的各级政府产业基金呈现出产业导向聚焦的趋势。2021 年、2022 年杭州市新设立的产业政府引导基金投资领域比较集中,多以智能制造、生物医药、新能源等战略性新兴产业为主。2021 年设立的杭州泰格生物医药产业基金,目标规模高达 200 亿元。

(三)文化科技融合加速,数字文化产业逆势上扬

杭州市数字文化产业起步较早,党的十八大以来,先后制定出台《关于

促进文化和科技融合的若干政策意见》《建设全国数字内容产业中心三年行动计划(2015—2017年)》《关于推进杭州市动漫游戏产业做优做强的实施意见》等政策文件,聚焦培育壮大以数字化为特征的优势行业,对打造全国数字内容产业中心目标等方面进行了系统部署,通过政策引领与实践探索,奠定了新时代数字文化产业发展的坚实基础。据初步测算,目前杭州规上数字文化企业营收占全市规上文化企业营收比重已超70%。随着5G、VR/AR、云计算等新型信息技术在文化领域的应用渗透,以及文化与科技、旅游等的深度融合,杭州文化产业得到了快速的发展,2022年,杭州市文化产业增加值2586亿元,同比增长8.7%。在此背景下,未来杭州将不断发展壮大数字文化产业,同时随着文化创意主题基金体系进一步完善,探索文化产业新业态、新模式的创新型企业或将受到更多资本青睐,进一步推动数字文化产业的发展速度。

2022 年杭州市创业投资
引导基金发展报告

杭州市发改委

2022 年度,在经济复苏的关键节点,杭州市创业投资引导基金(以下简称市创投引导基金)加强与浙江大学、西湖大学等科研院所以及知名产业方、投资机构的合作,积极引导投资机构对杭州科技型中小企业进行投资,助推杭州科技型中小企业快速成长、做大做强。

一、基本情况

2022 年,市创投引导基金新批复合作基金 9 只,总规模 38.7 亿元,累计批复子基金 115 只,批复总规模 301.58 亿元,市创投引导基金批复出资51 亿元,财政资金通过引导基金放大了 5.9 倍。截至 2022 年底,市创投引导基金参股子基金累计投资企业 997 家次,累计投资金额 143 亿元,其中杭州企业占半数以上,杭州初创期企业占比 40%。2022 年度,市创投引导基金获得清科"2022 年中国政府引导基金 50 强"和投中"2022 年度中国最受 GP 关注政府引导基金 TOP10"等 22 项荣誉。

二、工作成效

(一)完善载体建设,培育壮大优质创投群体

市创投引导基金以阶段参股为载体,通过设立专业化基金,不仅支持了赛智伯乐投资、浙商创投、华睿投资、天堂硅谷、海邦投资等一大批本地创业投资机构的发展,同时吸引了包括深创投、东方富海、同创伟业等国内

著名创业投资机构。杭州良好的创业氛围吸引了众多一线投资机构,包括IDG资本、经纬中国、红杉资本、达晨资本等在杭州设立了办公室,普华资本、华睿资本等一大批本地投资机构也正在立足杭州,辐射全国。为加强结余资金的统筹安排,提高财政资金使用效率,市引导基金广泛接触优秀的投资机构,为后续合作做好储备。

(二)深化多方位交流合作,共促创投行业高质量发展

市创投引导基金一直致力于深化与投资机构的交流合作,2022 年 8月,杭州市发改委组织召开杭州市创业投资引导基金情况调研座谈会,邀请了普华资本、天堂硅谷、海邦投资等 8 家已合作投资机构参加会议,会上各合作机构除了介绍已合作基金的运营情况外,还对杭州市创业投资行业发展建言献策,也为进一步推进创投行业发展提出了诸多宝贵意见和建议。

在深化与专业投资机构合作的同时,市创投引导基金也不断加强与产业资本的交流互动。2022 年 1 月,市创投引导基金受托管理机构杭高投举办上市公司产业资本交流会,邀请贝达药业、安恒信息、泰格医药、中控技术、舜宇光学等十余家产业资本参会。会上杭高投重点介绍了产业资本服务方案,贝达药业等也分享了其产业资本运营的心得和经验,双方的充分交流为政府和产业资本的高质量合作梳理思路、指明方向。

(三)服务资本市场,助力企业上市

市创投引导基金积极链接投资机构发挥专业优势和资源优势,在规范企业管理、整合资源、推进资本运作等方面为被投企业提供专业的管理支撑和增值服务,加快企业股改上市步伐,加速推动企业对接多层次资本市场,切实有效提升杭州市企业股改上市和并购重组的效率和成功率。

截至 2022 年底,市创投引导基金参股子基金已投项目中成功上市(含并购上市)企业 68 家,另有凯实生物、中润光学等 4 家企业已过会。第六届万物生长大会发布的《2022 杭州独角兽 & 准独角兽企业榜单》中有 39 家独角兽企业、317 家准独角兽企业。其中,市创投引导基金参股子基金共捕获连连科技、PingPong、禾连健康、中欣晶圆等 7 家独角兽企业,占比 17.95%;明峰医疗、城云科技、时迈药业、健新原力等 73 家准独角兽企业,占比 23.03%。同时,在 2022 年 7 月 11 日公布的 2021 年度浙江省科学技术奖获奖名单中,市创投引导基金参股子基金已投的 11 个项目荣获奖项。

(四)聚焦战略性新兴产业,推动产业结构调整升级

近年来,市创投引导基金积极响应市委、市政府推动数字经济"一号工程"、建设国家新一代人工智能创新发展试验区、推进生物医药产业创新发展等号召,牢牢把握高质量发展的主线,引导支持相关领域专项基金与专业化机构、企业风险投资(CVC)基金多模式合作,加快建设智能物联、生物医药、高端装备、新材料和绿色能源等五大产业生态圈。市创投引导基金参股子基金已投项目中,智能物联、生物医药、高端装备、新材料和绿色能源等五大产业领域项目占 70% 以上,投资金额达 137 亿元。

(五)支持城西科创大走廊创新发展

为落实举全市之力推动城西科创大走廊高质量融合发展的要求,市创投引导基金积极引导参股合作基金在城西科创大走廊落地、开展投资。截至 2022 年底,市创投引导基金参股合作子基金中共有 13 只注册于城西科创大走廊,基金规模 25 亿元,市创投引导基金认缴出资 3.9 亿元。市创投引导基金参股合作子基金累计投资城西科创大走廊项目 110 家,合计投资金额达 12 亿元。

未来市创投引导基金将进一步加强对城西科创大走廊的科技金融支持力度,充分发挥财政资金杠杆放大和引导吸附作用,集聚更多优秀创业投资机构入驻,吸引社会资本投资于城西科创大走廊范围内项目,为创新创业企业提供全功能形式、全生命周期的科技金融服务。

（六）加强品牌建设，机构软实力获认可

通过媒体宣传、组织推介会、参与行业评选以及与知名机构或产业龙头企业合作基金等方式，不断加强市创投引导基金的品牌建设，使之成为国内具有影响力和竞争力的引导基金品牌。市创投引导基金及受托管理机构杭高投累计获得来自投中、清科、母基金研究中心等机构的各项荣誉和奖项超 80 个，连续八年入选投中榜单，2022 年度收获 22 项荣誉。

三、2023 年工作思路

2023 年，市创投引导基金将深入贯彻杭州市"十四五"规划和二〇三五年远景目标，忠实践行"八八战略"，为高水平打造"数智杭州宜居天堂"、展现"重要窗口"头雁风采添砖加瓦。

（一）聚焦优势产业，引领经济高质量发展

加大与产业龙头企业的合作，引导专业机构围绕产业链部署创新链、围绕创新链布局产业链，瞄准数字经济、人工智能、生物医药、新材料、新能源、量子技术等前沿领域，加快投资一批科技平台和重点项目，努力在创新驱动发展方面走在前列，推动产业转型升级，大力培育新增长点和新动能，成为助推经济高质量发展的新引擎。

（二）聚焦优势机构，增加项目、资金、人才流入

北京、上海、深圳、广州、苏州等城市对创投行业的扶持力度，对杭州市科技金融政策环境形成挤压和赶超。市创投引导基金将进一步加强与龙头创投机构、龙头企业的合作，努力引进一批有实力、高质量的管理人，增加杭州创投资本力量。同时，加大对本土优秀创投机构的培育，形成新一轮创投品牌机构和创投人才集聚。做大市创投引导基金规模，增加引导基金政策支持力度，吸引全国优秀创投机构落户杭州，为"创新活力之城"建设提供源源动力。

（三）建立财政保障机制，持续放大规模

从全国来看，各地都把加大财政对科技金融专项投入作为深化市财政科技资金配置改革、构建更加完善的要素市场化配置机制的重要方向。下一步市创投引导基金将探索建立持续性财政保障机制，加大财政资金对科技金融的投入，扩大创投引导基金规模，增加长期资金供给。在投资金额和投资稳定性上形成良性预期，增加机构合作黏性，吸引头部机构落地杭州。

2022 年杭州市上市公司发展报告

杭州市地方金融监管局

截至 2022 年 12 月 31 日,杭州市累计实现有境内外上市公司 285 家,其中境内 A 股 216 家。上市公司总数稳居浙江省省内第一位。

一、上市公司市值

从总市值来看,截至 2022 年底,杭州市境内外上市公司实现总市值 54447.50 亿元,较 2021 年同期下降 18.07%。千亿以上市值公司共 5 家,500 亿以上市值公司共 13 家。

从个股来看,阿里巴巴以 16242.94 亿元的总市值排名杭州市第一位,且远超其他企业,占杭州市总市值的 29.83%;农夫山泉以 4430.34 亿元排名第二位;网易排名第三位,总市值为 3358.85 亿元。

二、杭州市境内上市公司情况

(一)杭州市上市公司新增情况

杭州市 2022 年度新增境内外上市公司 27 家,其中新增 IPO 境内 A 股 15 家,新迁入 A 股 1 家,新增港股 8 家(均为首发上市公司),新增美股 3 家(均为首发上市公司)。

(二)杭州市境内上市公司分析

截至 2022 年 12 月 31 日,杭州市境内上市公司 216 家,其中 2022 年首发新增 15 家,上市公司总数在全国主要城市排名第四位,排名与 2021 年相同,次于北京市、上海市和深圳市;在浙江省内稳居第一,杭州市境内上市公司数量占省内的 32.93%。

(三)上市地点及板块分布

杭州境内上市公司的交易场所分布以深圳证券交易所(以下简称深交所)为主。截至 2022 年底,从数量来看,深交所 113 家,占比 52.31%,上海证券交易所(以下简称上交所)99 家,占比 45.83%,北京证券交易所(以下简称北交所)4 家,占比 1.85%;从规模来看,深交所总市值 14817.80 亿元,占比 52.76%,上交所总市值 13243.79 亿元,占比 47.16%,北交所总市值 24.06 亿元,占比 0.09%。截至 2022 年底,从注册制发行上市公司数量看,深交所 19 家,占注册制发行上市公司总数的 42.22%,上交所 26 家,占注册制发行上市公司总数的 57.78%。

截至 2022 年底,杭州境内上市公司从数量来看,主板 123 家、创业板 63 家(其中为注册制发行的上市公司 19 家)、科创板 26 家、北交所 4 家,占比分别为 56.94%、29.17%、12.04% 和 1.85%;从市值来看,主板规模最大,为 20414.18 亿元,创业板次之,为 5109.48 亿元,其后为科创板,为 2537.36 亿元,最后为北交所,为 24.06 亿元。板块数量和市值分布与浙江省基本相同。从新增企业看,2022 年新增 15 家境内 IPO 上市公司,其中 5 家在创业板上市,5 家在科创板上市,3 家在北交所上市,2 家在主板上市。新增 15 家境内上市公司中,共 5 家为注册制发行。

(四)境内上市公司所有制分布

从杭州市境内上市公司所有制分布来看,民营经济主体在数量上仍然占主导地位,全市 216 家境内上市公司中,共有 175 家民营企业,占比 81.02%;从盈利能力上来看,2022 年国有经济体盈利能力不断加强,以 18.98% 的数量占比,实现总体营收的 58.51%,净利润占比为 40.26%。

(五)杭州市境内上市公司再融资情况

2022 年,杭州市境内上市公司再融资以增发、债券等为主,杭州市 216

家境内上市公司再融资总额为 533.09 亿元,在全国主要城市中排名第八位。北京市再融资以 1968.31 亿元排名第一位,上海市再融资以 1471.36 亿元排名第二位。

杭州市境内上市公司再融资金额较 2021 年同期下降 12.38%(2021 年同期 608.41 亿元)。主要降幅在可转债、公司债及 ABS,其中,可转债、公司债及 ABS 融资额 292.64 亿元,同比下降 26.64%(2021 年同期 398.91 亿元)。

(六)杭州市境内上市公司并购重组情况

2022 年,杭州市 216 家境内上市公司中,共有 56 家上市公司公布并购重组事件 73 起,涉及资产价值 231.65 亿元。金额较 2021 年增长 5.32%。2022 年杭州境内上市公司首次公布重大资产重组 3 次,较 2021 年多 1 次。另外,在 2022 年完成的并购重组共有 22 起,其中包括 2021 年开始实施并购的立昂微,共涉及并购资金 82.14 亿元。

与省内其他城市相比,杭州市共有 56 家境内上市公司发生 73 次并购重组(其中并购重组完成 22 次,进行中 50 次,失败 1 次),浙江省内数量排名第一,金额为 231.65 亿元,金额排名浙江省第一;宁波市 24 家境内上市公司并购重组 36 次,涉及金额为 61.46 亿元,并购次数和金额均排名浙江省第二;嘉兴市 9 家境内上市公司并购重组 13 次,以 46.08 亿元排名浙江省第三位。总体来说,A 股市场整体并购规模较 2021 年同期相当。

杭州市境内上市公司多领域并购海外资产。2022 年,杭州市境内上市公司发生 3 次海外并购事件,其中 2 次为股权并购,1 次同时涉及股权、无形资产和实物资产并购,占全部并购事件的 7.00%;涉及金额 20.58 亿元,占全部并购事件总金额的 4.11%。从并购方所属行业上看,1 次分布在零售业,1 次分布在计算机、通信和其他电子设备制造业,1 次分布在专用设备制造业,实现海外资产的纳入将有利于现有产业结构的调整和产业升级。从标的所属国家看,德国 2 家,意大利 1 家。

（七）杭州市境内上市公司财务分析

1. 2022 年杭州市境内上市公司基本财务情况

2022 年，面对复杂严峻的国内外环境和多重超预期因素冲击，杭州经济在承压前行中彰显韧性，高质量发展取得新成效。全国境内上市公司营收同比增长 7.19%，归属母公司净利润同比增长 1.18%，整体呈现上涨趋势。杭州市 216 家境内上市公司共实现营收 24174.76 亿元，同比增长 9.34%，剔除金融服务业，杭州市境内上市公司营业收入增速为 9.7%，增速高于杭州市地区生产总值增速（1.5%）。整体实现归属母公司净利润 1053.06 亿元，同比下降 16.9%。

2022 年，杭州市以全省 32.88% 的境内上市公司数量，实现了全省 50.37% 的营业收入和 37.3% 的归属母公司净利润。杭州市境内上市公司营收占 GDP 比重达 128.91%，在浙江板块中占有举足轻重的地位，在全市经济中起到重要的驱动作用。

2. 杭州市境内上市公司营业收入持续增长

2022 年，杭州市境内上市公司营收同比增长 9.34%，营业收入持续增长，与浙江省和全国整体水平相比，2022 年杭州市营收增速稍低于浙江省整体增速（10.88%），但高于全国整体增速（7.19%），从趋势上来看，在经历了 2013 年的触底回升后，近几年杭州市境内上市公司营收增速实现较大突破。

（八）杭州市境内上市公司产业分析

从市值构成来看，市值超过千亿的行业共有 4 个，分别是制造业，信息传输、软件和信息技术服务业，金融业，批发和零售业。从营收及净利润构成来看，批发和零售业占杭州市境内上市公司总营收比例高达 37.73%，批发和零售业中具有代表性的公司为物产中大；制造业和金融业净利润占比高达 80.95%，制造业中比较有代表性的公司为海康威视，金融业比较有代表性的公司为浙商银行。从偿债能力来看，除房地产业、建筑业、金融业外，杭州市其他 11 个行业的资产负债率均在 70% 的警戒线内，偿债指标较好。与全国对比来看,杭州市整体资产负债情况良好,7个行业资产负债率好于全国平均水平;10个行业流动比率好于全国平均水平;11个行业速动比率好于全国水平。

三、杭州市境外上市公司概况

(一)境外上市公司基本情况

截至2022年12月31日,杭州市共有境外上市公司69家[①],其中2022年新增11家(港股新增8家,美股新增3家);杭州市境外上市公司总市值为4.75万亿元,较2021年同期下降19.87%,流通市值为4.71万亿元。

从个股来看,总市值最大的是港股的阿里巴巴-SW,市值达1.63万亿元,美股的阿里巴巴排名第二,市值为1.62万亿元,农夫山泉以4430.34亿元的市值排名第三位。

(二)境外上市公司行业分布

杭州市港美股上市公司分布在10个不同行业,从上市公司数量来看,排名前四的是非日常生活消费品、信息技术、房地产和医疗保健,前四大行业上市公司数量合计占比达68.58%。从总市值来看,排名前四的是非日常生活消费品、信息技术、日常消费品和医疗保健,前四大行业上市公司总市值占比达96.13%。从行业总市值分布来看,杭州市非日常生活消费品公司在上市公司中占据重要位置。

(三)境外上市公司总体运行情况

杭州市港美股上市公司在2022年实现营业收入22830.99亿元,营收同比增长17.85%,归属于母公司净利润1686.88亿元,同比下降50.04%。

杭州市港美股上市公司中,35家公司营业收入实现正增长,占比50.55%;16家公司净利润实现正增长,另外3家公司扭亏为盈,18家公司

---

① 网易、阿里巴巴、涂鸦智能在美国和中国香港双重上市,统计时不重复计算。

减亏,境外上市公司整体业绩趋弱。

(四)近两年境外上市公司重大政策调整情况

1. 2021 年 7 月 6 日,中办、国办印发《关于依法从严打击证券违法活动的意见》,其中明确要求加强中概股监管,修改国务院关于股份有限公司境外募集股份及上市的特别规定,明确境内行业主管和监管部门职责,加强跨部门监管协同,这标志着境外上市的合规监管问题已上升到了前所未有的高度。

2. 2021 年 9 月 18 日,国家发展改革委审议、商务部审签《外商投资准入特别管理措施(负面清单)(2021 年版)》和《自由贸易试验区外商投资准入特别管理措施(负面清单)(2021 年版)》。外商投资准入负面清单由 33 条减至 31 条,自贸试验区外商投资准入负面清单由 30 条减至 27 条。

3. 2021 年 12 月 24 日,据证监会网站消息,为促进企业利用境外资本市场规范健康发展,支持企业依法合规赴境外上市,根据《中华人民共和国证券法》,证监会会同国务院有关部门对《国务院关于股份有限公司境外募集股份及上市的特别规定》(国务院令第 160 号)提出了修订建议,研究起草了《国务院关于境内企业境外发行证券和上市的管理规定(草案征求意见稿)》,并同步起草了《境内企业境外发行证券和上市备案管理办法(征求意见稿)》。证监会明确,在遵守境内法律法规的前提下,满足合规要求的可变利益实体(VIE)架构企业备案后可以赴境外上市。

4. 2021 年 12 月 28 日,《网络安全审查办法》颁布,明确规定"掌握超过 100 万用户个人信息的网络平台运营者赴国外上市,必须向网络安全审查办公室申报网络安全审查"。

5. 2022 年 2 月 15 日,国家互联网信息办公室牵头修订发布《网络安全审查办法(2021)》并正式施行,明确掌握超过 100 万用户个人信息的网络平台运营者赴国外上市必须向网络安全审查办公室申报网络安全审查。

6. 2022 年 3 月 16 日,国务院金融稳定发展委员会召开专题会议,研究当时经济形势和资本市场问题。会议提到,关于中概股,目前中美双方监管机构保持了良好沟通,已取得积极进展,正在致力于形成具体合作方案。

中国政府继续支持各类企业到境外上市。

7.2022年4月2日,证监会就《关于加强境内企业境外发行证券和上市相关保密和档案管理工作的规定(征求意见稿)》公开征求意见,为境外上市涉及的相关保密和档案管理工作提供更加清晰的指引,明确上市公司信息安全主体责任,完善跨境监管合作安排,为安全高效开展跨境监管合作提供制度保障。

8.2022年10月8日,沪深交易所就中概股回港中存在的交易问题进行了回应。沪深交易所表示,根据《上海证券交易所沪港通业务实施办法》《深圳证券交易所深港通业务实施办法》(以下简称《实施办法》)等业务规则规定,不同投票权架构公司(WVR公司)由在港第二上市转换为主要上市后,可以依照规则在考察日对其进行考察,符合《实施办法》第六十五条、六十六条和六十七条等规定条件则纳入港股通。

9.2022年11月28日,据证监会官网消息,证监会新闻发言人就资本市场支持房地产市场平稳健康发展答记者问。调整完善房地产企业境外市场上市政策。与境内A股政策保持一致,恢复以房地产为主业的H股上市公司再融资;恢复主业非房地产业务的其他涉房H股上市公司再融资。

2022年杭州农商银行系统发展报告

浙江农商联合银行杭州管理部

2022年以来，杭州农商银行系统坚持稳中求进，强化党建引领，聚焦助力全市经济稳进提质、支持乡村振兴、服务共同富裕、推进数字化改革等大事要事，扎实开展"改革落实年"活动，全年工作取得新成效。存贷款规模在浙江农商银行系统内首次超过1.5万亿元，新增额双双突破千亿元，为全市经济社会发展作出了积极贡献。

一、业务运行总体情况

一是业务规模发展较快。2022年末，杭州农商银行系统各项存款余额8593.29亿元，各项贷款余额6666.08亿元，存贷规模率先全系统超过1.5万亿元。2022年度实现存、贷款在浙江农商银行系统内和全市金融机构内市场份额双升，存款增幅20.98%，创近十年最高。各项存款在全市金融机构市场份额为12.45%，居全市第二；各项贷款在全市金融机构市场份额为10.79%，居全市第一。

二是经营效益保持平稳。2022年末，杭州农商银行系统五级不良贷款率0.83%，与年初持平。实现拨备前利润186.94亿元，增长11.81%。全年缴纳税收42.93亿元，同比增长21.27%。

二、2022年重点工作开展情况

（一）政策落实强推动，助力经济持续向好

一是"稳经济"落实更高效。启动"助企惠商——金融支持百万市场主

体融资畅通"专项行动,至收官结束,新增企业贷款 622.36 亿元、个体工商户贷款 99.57 亿元、拓展首贷户(全社会)10226 户,分别完成目标的 156%、166% 和 171%。二是"助共富"举措更给力。持续做精乡村振兴人才银行"春雨计划",至 2022 年末,支持乡村振兴人才及主体 28702 户,累计授信金额 189.15 亿元,贷款余额 136.42 亿元。聚力村强民富,对股份经济合作社及强村公司主体授信 151 户,授信余额 5.98 亿元。三是"促改革"步伐更坚定。深化数字政务服务,推广"四个办"服务体系,助力政府加快实现"一件事一次办"。强化数字金融服务,至 2022 年末,数字贷款 741.54 亿元,比年初增加 201.76 亿元,增速 37.38%。

(二)精进业务提质效,积聚自身发展动能

一是基础业务转型驱动。优化客群分类服务,聚焦乡贤、新市民、商户、"一老一小"等开展零售客群专项运营,至 2022 年末,杭州农商银行系统个人贷款市场份额 12.65%,较年初提升 0.60 个百分点。创新平台营销模式,做好辖内园区、楼宇、商会等平台及平台内企业批量服务工作。至 2022 年末,杭州农商银行系统对公存款余额 3546.14 亿元,增长 17.28%。二是资金理财多元发展。财富代销业务步伐加快,至 2022 年末,杭州农商银行系统理财存续规模达 1128.48 亿元,先后与兴银理财、招银理财等 8 家理财公司开展财富代销合作,2022 年末,理财代销业务时点余额 58.07 亿元。三是重点领域统筹推进。至 2022 年末,杭州农商银行系统小微企业贷款余额 3967.84 亿元,占各项贷款总额的 59.52%,增幅为 27.11%,高于各项贷款增幅 7.3 个百分点。制造业支持力度明显加大,至 2022 年末,杭州农商银行系统制造业贷款余额 1283.77 亿元,增长 13.41%,平均执行利率 5.17%,较年初下降 43bp。绿色金融服务持续增强,至 2022 年末,杭州农商银行系统绿色贷款余额 232.70 亿元。

(三)精管善治强效益,优势基础不断夯实

一是精细管理日趋完善。不断推进网点智能化转型和文明规范服务,全市智能柜员机网点覆盖率 83.26%。二是风险管理全面加强。开展不良资产处置等领域排查,统筹把握呆账核销和后续管理,开展"清核增效"已核销贷款清收工作,当年清收核销贷款本息 5.36 亿元。持续加强员工行为管理和合规文化教育,加强数字风控预警。三是安全管理持续提升。常态化做好新冠病毒防控,标准化推进智慧安防,高质量完成平安护航党的二十大各项任务。

(四)自我革命育文化,清廉农商再树新风

一是党的领导和党的建设有效夯实。扎实推进全面从严治党,抓实农商银行党委巡察问题整改。做深做实学习宣贯,持续掀起学习党的二十大精神、省第十五次党代会精神热潮。实施"红色根脉强基工程",倡导"一支部一品牌"建设,"联合新潮""和润·普惠"等党建品牌特色鲜明。二是监督整改和执纪问责从严从实。围绕中心大局强化政治监督,加强重大项目、重大资金使用、重要人事任免等重点领域监督检查。三是队伍锻造和员工关爱常抓不懈。夯实年轻队伍成长根基,开展"助力乡村振兴,推动共同富裕"青年员工专题培训,不断优化年轻干部成长通道。丰富员工关心关爱举措,厚植"以人为本"理念,不断完善员工综合福利保障,畅通员工反馈渠道,"董事长接待日""幸福专列""集体生日 party""亲情 1＋1 慰问金"等活动缤纷多彩。

三、2023 年发展展望

2023 年,杭州农商银行系统将更好统筹自身高质量发展和服务经济稳中向好进中提质,为杭州加快打造世界一流的社会主义现代化国际大都市,努力成为中国式现代化城市范例积极贡献农商力量。

(一)有为有位,做实"全力拼经济"

以更实的举措促消费扩内需,推动培育新消费场景,进一步加大新能源汽车、智能家居、住房消费以及亚运时期体育经济消费支持力度,持续优化消费环境,完善移动支付体系,深化放心消费商户服务。以更大的力度稳实体壮产业,向中长期制造业、专精特新"小巨人"等重点领域倾斜。以

更优的环境强民营拓小微，深化融资畅通工程，分行业分规模分类群完善企业培育机制，重点打好全系统"小微金融工程三年行动计划（2021—2023年）"收官战。

（二）积微成著，服务"共同富裕"

以更有温度的服务，扎实开展"助力共富年"活动。服务乡村振兴，重点加大农业"双强"支持力度，推动富民产业培育和乡村产业链建设，加大乡村人才保障力度，持续做精"乡村振兴人才银行"。助力居民增收，推进普惠型财富管理业务，完善理财产品体系，促进中低收入群体收入持续增长，用足用好各类"共富产品"，鼓励各地创新"共富工坊""共富带""共富联合体"等模式。助推公共服务共享，深化政务服务"四个办"新场景，依托线下营业网点、丰收驿站，线上移动展业平台，集成高频政务服务事项，完善基层便民"政务＋金融"服务新体系。聚力杭州"十件民生实事"服务，落实更多、更细的暖民心举措。

（三）改革突围，持续推进高质量发展

抓实全面从严治党，深化党风廉政和反腐败。加强基层党建体系建设，推进党建与基层治理深度融合，擦亮"党建＋金融"金名片。以客户为中心，提升综合服务能力，广拓渠道和场景，夯实基础业务，大力发展数字金融，加快提升中间业务收入增长能力，挖潜发展新空间。强化稳健经营，完善内控评价和数智风控体系，有效防范金融风险，深化"除险保安 平安护航亚运"行动，坚决防范重大事故发生。

2022 年杭州市小贷业发展报告

杭州市地方金融监管局

2022 年,杭州市地方金融监管局认真贯彻落实国家、省、市有关文件精神,突出行业监管、扶持发展、防控风险等工作,积极引导全市小额贷款公司(以下简称小贷公司)发放"小额、分散"贷款,服务实体经济发展。

一、小贷公司运营情况

(一)基本情况

截至 2022 年底,杭州市小贷公司共 51 家,除钱塘区外,各区、县(市)均设立了 2 家以上小贷公司,注册资本总额为 94.64 亿元,净资产总额为 126.7 亿元,较上年年末上升了 14.64%。2022 年,杭州市新设 3 家小贷公司[杭州金联、余杭金控、物产中大(浙江)],3 家小贷公司退出试点(下城美达、浙江阿里、上城文广)。除西湖浙农、浙江林业、浙江文创、浙江兴合、浙江农发、余杭金控、物产中大(浙江)小贷公司为国有资本主发起外,其余均为民营资本主发起设立。

(二)经营与管理情况

2022 年杭州市小贷公司经营情况略有下滑,总体运行较为平稳。主要表现在以下几个方面。

1.贷款规模略有下降

截至 2022 年 12 月底,杭州市小贷公司贷款余额和笔数分别为 107.64 亿元、10152 笔,其中发放普惠贷款余额和笔数分别为 82.77 亿元、9809

笔,占比分别为 76.9％、96.62％。从近几年情况来看,杭州市小贷公司从
2017 年、2018 年末贷款余额基本保持平稳,然而 2019 年、2020 年、2021 年
受新冠疫情影响未能保持该势头,出现较大幅度下降,2022 年贷款规模较
上年下降了 4.23％(见图 1)。

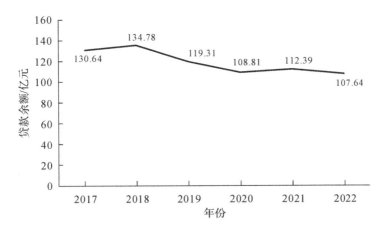

图 1　杭州市 2017—2022 年小贷公司年末贷款余额情况

2022 年 1—12 月,全市小贷公司累计发放贷款 213.64 亿元、16267 笔,
其中累计发放普惠贷款 170.1 亿元、15974 笔,占比分别为 79.62％、
98.2％。

2.对外融资略有下降

截至 2022 年 12 月底,全市有 9 家小贷公司向银行进行了融资,融资余
额为 5.71 亿元,占净资产总额的 4.51％,较上年年底下降了 1.76％;还有
7 家小贷公司向股东借款 4.46 亿元。对外融资额共计 10.17 亿元,占注册
资本总额比例为 10.75％,较上年下降了 1.89％。有 1 家小贷公司进行了
增资,增资金额为 1 亿元。

3.资金回报率有下降

2022 年,全市小贷公司平均年化利率主要在 11.78％～12.61％波动,
年末平均年化利率为 12.25％,较上年下降了 0.51％(见图 2)。2022 年,全
市小贷公司全年实现业务总收入 9.32 亿元,净利润 3.82 亿元,全年净资
产收益率为 3.01％,比上年下降了 1.26％,有 8 家为亏损,亏损家数与上年
持平。

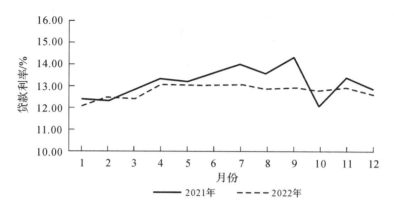

图 2　杭州市 2021—2022 年小贷公司贷款利率情况

4.贷款逾期率上升

2022 年底,杭州市小贷公司逾期贷款余额为 14.08 亿元,逾期率为 13.08%,较 2021 年底上升 2.98%(见图 3);不良贷款率高于 10% 的小贷公司为 17 家,占小贷公司总家数的 33.33%;拨备覆盖率小于 100% 的为 20 家。2022 年,全市小贷公司累计核销不良贷款 0.96 亿元,较 2021 年上升 42.71%。

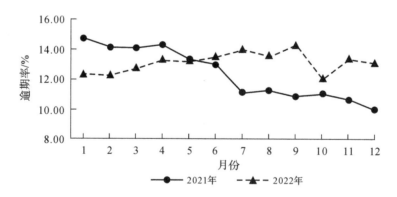

图 3　杭州市 2021—2022 年小贷公司逾期率情况

(三)风险情况

目前杭州市小贷公司总体运营平稳,暂未发现重大风险情况;2022 年因受新冠疫情、外部市场等因素的影响,部分小贷公司放贷风险高、经营压力大,存在税收负担较重、融资渠道不畅、司法环境不佳等不利外部环境,资产质量欠佳,诉讼案件也居高不下,全年涉及司法诉讼案件613件,诉讼金额为4.55亿元。股东对小贷公司的发展信心不足,全年股东股权转让共14起,转让金额总计5.27亿元。还存在着风险控制管理能力较弱,公司治理不够规范,内控制度未健全,高管缺位,大股东干扰公司正常经营,落实"三会一层"制度不严格等问题。

二、存在困难和问题

受外部市场、新冠疫情等因素影响,杭州市小贷公司在运营中存在经营风险大、税收负担重、对外融资难、涉诉处置难等困难,制约了小贷公司可持续发展。

(一)生存空间受挤压

受当前普惠金融、扶持中小企业等政策性影响,银行放款相对宽松,基本处于有需即贷的状况,小贷公司利率相对来说要高于金融机构的放贷利率,小贷公司能够填补的"空间"不断减少,竞争优势不明显,导致行业竞争加剧,营销压力增大,小贷公司生存空间受到了进一步的压缩。

(二)税收负担较重

在财税工作中并未明确小贷公司为金融业,在税收上按照一般企业缴纳增值税、所得税等,远高于农村信用合作社等金融企业。小贷公司税负约占营业收入的30%,远高于农村信用合作社;营改增以来,税种由营业税的5%提高到增值税的6%,由于应收利息均要确认为收入,而银行贷款利息及咨询费的进项不能抵扣,增值税可抵扣项目较少,导致小贷公司税负不减反增,这也在很大程度上降低了小额贷款公司抗风险的能力。

(三)融资渠道不够畅通

根据《浙江省小额贷款公司监督管理工作指引(试行)》(浙金管〔2020〕48号)精神,小贷公司以非标准化融资形式、标准化债权类资产形式可按照不超过净资产总额 5 倍对外融资。然而，大部分小贷公司很难从银行等渠道进行融资，实际对外融资比例不到 10％，也间接影响到小贷公司的业务拓展。

(四)股东信心不足

小贷公司经营压力大、回报率低、风险高，股东对小贷公司的发展前景缺乏信心，目前部分小贷公司考虑缩小运营规模，提高抵押贷款比例，维持平稳运行。2022 年，杭州市有 3 家小贷公司进行了减资，减资额为 0.94 亿元。

(五)逾期贷款处置难

司法环境不佳，导致风险资产处置难度大，债权人权益较难得到及时有效的保障与兑现。小贷公司在诉讼中普遍面临"执行难"的问题，导致不良资产处置缓慢，化解缓释风险不及时，其他处置手段也比较缺乏。

三、已开展的各项工作

市、区(县、市)地方金融工作部门按照省地方金融监管局统一部署，开展小贷公司监管工作，同时积极扶持小贷公司发展。

(一)完善监管体系

市、区(县、市)地方金融工作部门均有明确的监管人员，建立 AB 岗监管制度，坚持非现场监管与现场检查有机结合。根据小贷公司实际情况和监管评级结果实施分类监管，对于经营稳健、符合支农支小政策导向的鼓励创新，在经营地域、业务范围、融资渠道上给予更多发展的空间及政策支持；对高风险的小贷公司，实施严格监管，在 2021 年度监管评级中，已将下城美达和下城广信 2 家小贷公司列入建议退出名单，目前两家小贷公司均已批复退出。

(二)督促合规经营

市、区(县、市)地方金融工作部门通过日常监管，督促小贷公司及时对发现的问题进行整改,督促规范经营:一是组织开展了全市 2021 年度监管评级工作,对监管评级中发现的问题及时反馈给小贷公司,要求其限期整改。二是妥善处置信访及审计中发现的问题,落实好属地监管责任。如建德市金融办做好了新安小贷公司反复信访处置工作,并约谈新安小贷公司高管,通报信访问题,督促整改到位。三是拱墅区、滨江区、萧山区、临安区、富阳区、建德市金融办针对个别经营风险较大的小贷公司,能定期走访、监测,及时提示风险、责令整改等,有效地做好了风险防控。四是根据省局统一部署,做好了加强小额贷款公司借名借款行为风险防范工作。五是开展专项检查,专门聘请第三方中介机构,抽取 2 家小贷公司开展专项审计检查,有效督促小贷公司合规经营。

(三)严格变更事项审批流程

市、区(县、市)地方金融工作部门对小贷公司申报材料进一步加快了审批流程;根据省局变更事项有关要求,进一步规范市级审核事项、申请材料、审核程序等,2022 年我市审核变更事项 18 项(其中一般股权转让 9 项、董监事变更 5 项、注册地址变更 4 项),转报省局 21 项。

(四)加强扶持创新发展

为扶持行业发展,市、区(县、市)地方金融工作部门积极推动小贷公司开展业务创新,首批 2 家转型试点机构组建方案获省局批准设立,新设 1 家小贷公司审批设立。如拱墅区金融办借助"新拱墅金融联盟",线上邀请多家地方金融组织加盟,截至 2022 年末,共计有 281 家金融机构,帮助小贷公司与辖区其他传统金融机构信息互通、互惠共赢;临安区出台了《关于大力推进现代服务业高质量发展的若干政策意见》,对小贷公司 500 万元(含)以下贷款按月均余额给予 0.8% 的风险补偿;余杭区金融办下达 2022年度余杭区小额贷款风险补偿补助资金 13.54 万元。

2022年杭州市典当业发展报告

杭州市地方金融监管局

2022年,杭州市地方金融监管局认真贯彻落实国家、省、市有关文件精神,强化监管职能,以监管促发展,积极引导典当行业有序经营。全年全市典当行积极发挥"小额、短期、简便、灵活"特点优势,总体运行平稳,为中小微企业提供融资便利。

一、基本情况

目前,杭州市共有77家典当行、2家分支机构(未包含年审不通过企业)。根据全国典当行业管理信息系统数据,至2022年底,杭州市典当行注册资本共计55.77亿元,典当余额49.63亿元;2022年全市典当行累计发生典当业务43694笔,发放贷款281.94亿元,平均单笔业务发放贷款不到70万元,充分体现小额特点。

2022年以来,杭州市典当行呈现如下特点:一是资本实力进一步提高。2022年全市典当行注册资本比2021年增加1.05亿元,总资产为61亿元,同比增长19.6%。5家典当行通过增加注册资本进一步增加资本实力,夯实企业经营基础。二是业务规模保持稳定。全市典当行2022年累计典当总额与年末典当余额大体与2021年相仿,增长幅度较2021年有所放缓。三是头部效应依然明显。近年来,部分头部典当行通过增资控股,进一步增强企业资本实力。据统计,12家头部典当行注册资金占全市典当行的70%,典当总额为199亿元,营业收入为3.55亿元,利润为1.19亿元,上缴税金为1.003亿元,分别占全市典当行典当总额、营业收入、利润、上缴税金的77.03%、87.24%、92.99%和98.45%。

从业务结构来看,2022 年杭州市房地产典当业务金额为 176.30 亿元,占比 62.5%,财产权利典当业务金额为 71.40 亿元,占比 25.3%;房地产抵押与财产权利质押典当金额占总典当金额的 87.8%。民品典当业务金额 16.47 亿元,同比下降 8.45%,民品典当库存余额 4.72 亿元,同比下降 12.74%,民品典当库存余额占全部典当库存余额的 8.46%。

二、存在问题

近年来,杭州市典当行总体发展平稳,未发现重大风险隐患,但发展过程中依然存在不少问题与困境。主要表现在以下方面。

一是典当行整体盈利水平一般。受新冠疫情及银行业务下沉等影响,2022 年,杭州市典当行整体盈利水平一般,实现利润 1.12 亿元,同比下降 8.94%。亏损的典当行家数为 28 家,占全市典当行家数的 31.8%,亏损总金额为 2083 万元。

二是典当行内部管理不够规范。2022 年,经过现场检查及实地调研走访发现,杭州市典当行普遍内部管理不够规范,内部制度建立有所缺失,部分典当行未建立内部决策、控制和风险管理制度。

三是典当行业务结构单一。2022 年,杭州市典当行 60% 以上的业务集中在房地产抵押类典当业务,超比例违规经营现象较为普遍,给典当行经营带来了一定的风险;同时,由于市场等因素影响,民品业务进一步萎缩,偏离了典当本源。

四是经营风险有所增加。2022 年,杭州市典当行经营总收入为 4.07 亿元,同比下降 9.45%。受新冠疫情等因素叠加影响,2022 年,杭州市典当行企业逾期贷款 10.6 亿元,占总资产的 17%,其中超过一年的逾期金额为 8.03 亿元,占总资产的 13.16%,同比增加 91.64%,企业经营风险进一步增加。

三、已开展的各项工作

为进一步督促典当行合规经营,2022 年,杭州市地方金融监管局一方面做好日常监管,一方面压实属地责任,指导区、县(市)金融办认真开展各类监管工作。

（一）严格把关，做好典当行变更批复或初审转报工作

加强对区、县（市）的工作指导，督促属地严格按照《浙江省典当行监督管理实施办法（试行）》（浙金管〔2021〕4 号）等文件要求对典当行变更材料仔细审慎审核，进一步规范变更事项的审核流程，2022 年共完成典当行变更批复及转报省局 34 件。

（二）积极部署，做好典当行年审相关工作

一是根据省局复评结果，做好 2020 年度典当行年审后续的整改、核实等后续工作；二是做好全市典当行 2021 年度年审工作。经省局复评，杭州市参加 2021 年度的 35 家典当行中通过类 10 家、整改类 20 家、不通过 5 家，至 2022 年末，已完成年审后续相关的整改核实工作并报送省局。

（三）压实责任，开展典当行现场检查工作

按照《杭州市地方金融组织 2022 年度现场检查工作方案》，组织进行 2022 年度现场检查，进一步了解典当行经营发展、内部控制、合规和风险情况，压实属地监管责任，下发书面通知要求属地督促企业核实整改到位，促进行业规范发展，有效防控风险。年审期间抽取部分典当行对典当行年审材料、数据进行现场复核，进一步强化对地方金融组织的监管。

（四）深入实际，开展典当行调研走访工作

积极开展实地调研工作，调研走访部分重点典当公司、市典当行业协会，进一步了解典当行发展经营情况、存在问题，搜集梳理典当行对监管部门的工作建议及意见并积极予以回应。

2022 年杭州市融资担保业发展报告

杭州市地方金融监管局

2022 年,杭州市融资担保行业深入贯彻省委、省政府和市委、市政府重大决策部署,按照《杭州市人民政府办公厅关于推进全市融资担保行业持续健康发展的实施意见》(杭政办函〔2022〕9 号)文件精神,优化行业整体环境,落实惠企助企政策,持续减费让利,完善政府性融资担保体系建设,加速支小支农业务发展,为服务实体经济、深入实施融资畅通工程、助力中小企业纾困起到了重要作用。

一、行业基本情况

(一)机构基本情况

截至 2022 年 12 月底,杭州市在省融资担保行业监管信息系统中在册的融资担保机构共 83 家,其中,经省认定的政府性融资担保机构 9 家。注册资本 157.3 亿元,其中国有资本 82.7 亿元。从业人员 1519 人,其中本科以上 690 人。83 家机构中,主要从事支小支农业务的 40 家,车贷担保业务的 34 家,个人消费贷业务的 3 家,其他 6 家。

(二)业务开展情况

监管系统显示,截至 2022 年底,杭州市融资担保机构担保业务余额合计 745.26 亿元,同比增长 9.54%,担保户数 10.37 万户,其中支小支农担保余额 306.51 亿元,较 2021 年同期增加 61.73 亿元,同比增长 25.22%,其中,9 家政府性担保公司支小支农担保余额为 170.31 亿元,较 2021 年同期增加 63.37 亿元,增幅 60.4%。

(三)风险指标情况

监管系统显示,截至 2022 年底,全市融资担保机构资产总额 250.79 亿元,其中,货币资金 114.2 亿元,存出保证金 36.31 亿元,应收账款 62.31 亿元。流动性资产 240.07 亿元,净资产 205.69 亿元,担保业务放大倍数为 3.62 倍,融资性担保业务放大倍数为 3.32 倍。担保代偿率为 2.17%,融资性担保代偿率为 2.5%。总体上,融资性担保业务发展较为稳定,且在逐步向前发展,但受内外环境的影响,市场运营风险也在加大。

二、工作开展情况

(一)出台政策,优化行业整体环境

2022 年 2 月,杭州市出台《杭州市人民政府办公厅关于推进全市融资担保行业持续健康发展的实施意见》(杭政办函〔2022〕9 号)文件,提出了加快政府性融资担保体系改革;坚持政府性融资担保机构不以营利为目的;完善政策扶持举措等一系列优化全市融资担保行业发展的举措。

(二)兑现奖补,加大支小支农扶持

一是修订完善奖补办法。根据《杭州市人民政府办公厅关于推进全市融资担保行业持续健康发展的实施意见》(杭政办函〔2022〕9 号)精神,对原补偿管理办法进行了修订完善,并出台了新的《杭州市政策性融资担保业务保费补贴管理办法》。二是兑现保费补贴资金。2022 年,全市政策性融资担保业务保费补贴兑现资金 3243.26 万元,其中市本级兑现资金 1094.83 万元。

(三)完善体系,强化政府性担保作用

一是完善体系覆盖。截至 2022 年底,杭州市政府性融资担保机构共 15 家,注册资本 75.01 亿元,其中经省认定的政府性融资担保机构为 9 家,

注册资本 69 亿元;区、县(市)已组建但未经省认定的政府性担保机构 6 家,注册资本 6.01 亿元,政府性融资担保机构业务已覆盖全市。二是打造体系龙头。2022 年 9 月,杭州市融资担保集团有限公司挂牌成立,为下一步统筹全市政府性融资担保机构,快速发展支小支农业务打下了基础。三是加快体系融合。至 2022 年底,市融资担保集团已通过控股、参股两家市级政府性融资担保机构,实现了市级政府性融资担保机构的一体化管理和融合。同时,集团已与临平、余杭、西湖、桐庐等区、县(市)政府性担保机构签订体系建设合作协议,为下阶段深化体系融合打下基础。四是坚持普惠公益。全市政府性融资担保机构担保费率始终保持较低水平,2022 年平均担保费率 0.79%,较上年降低 0.08 个百分点。参照商业性融资担保机构 2.5% 的平均担保费率测算,2022 年政府性融资担保机构累计为支小支农融资节省担保费近 3 亿元。

(四)审查并重,做好日常分类监管

一是做好变更备案初审转报工作。2022 年初以来,共审核通过融资担保机构变更备案材料 24 件并转报省局。二是做好从事车贷担保业务非持牌机构摸底排查工作。经区、县(市)摸底排查,杭州市地方金融监管局复核,上报列入全市非持牌机构整治名单的共 76 家。三是开展现场检查工作。为加强对地方金融组织日常监管,促进合规经营、防范金融风险,委托第三方会计师事务所对 2 家融资担保公司开展现场检查。四是开展政府担保认定工作。根据《浙江省财政厅浙江省地方金融监督管理局关于开展 2022 年政府性融资担保机构认定工作的通知》(浙财金〔2022〕34 号)要求,杭州市地方金融监管局配合市财政局组织开展了 2022 年政府性融资担保机构认定申报工作,杭州市共有 14 家融资担保机构(含前期已经认定的 9 家)申请认定。

(五)强化责任,抓好风险处置防范

一是开展融资担保公司关联交易和涉众风险专项排查。为规范融资担保公司行为,加强监督管理,根据省局通知要求,杭州市地方金融监管局

组织开展了全市融资担保公司关联交易和涉众风险专项排查工作。经排查，总体情况平稳。二是妥善处理信访投诉。至 2022 年底，杭州市本级收到各类融资担保行业信访投诉件共 49 件，均已落实属地监管处置。三是强化主体责任。在督促属地监管部门及时做好信访投诉处置工作的同时，对部分投诉问题较多的融资担保机构通过现场检查、抽查、高管约谈等措施，强化机构主体处置责任，强化机构规范运营。

2022 年杭州市金融仲裁发展报告

杭州金融仲裁院

2022 年,杭州金融仲裁院紧紧围绕党委政府中心工作,在市司法局党委和仲裁委员会的领导下,以习近平法治思想为指导,坚持仲裁为民的宗旨,认真践行仲裁新发展阶段的职责使命,经过广大仲裁员、仲裁工作人员的艰苦努力,按照年初制定的工作要点,依法、公正、高效地开展金融仲裁工作,在后疫情时代有效地化解社会矛盾、防范金融风险、推动经济复苏。

一、发挥仲裁优势,促进社会和谐稳定

(一)受案数量持续增长,案件类型不断添新

2022 年,仲裁委员会金融仲裁院共受理案件 378 件,比上一年同期(以下简称同比)上升 18.13%;受案标的额 22.3435 亿元,同比下降 30%。金融仲裁案件纠纷类型共涉及近 20 个二级、三级案由,其中民间借贷纠纷占比最大。根据受理案件类型分布情况,传统优势领域稳中有进,在委托理财合同纠纷、证券认购纠纷、融资租赁合同纠纷、财产保险合同纠纷、保证合同纠纷等领域有了较大拓展,证券基金投资回购纠纷、证券投资基金交易纠纷、证券纠纷等新型案件有了突破。案件类型多样化的程度较往年更深,杭州金融仲裁的影响力和辐射范围不断增强,发展前景较好。

(二)办案效率严格把控,案件质效同步提升

2022 年,仲裁委员会金融仲裁院共办结案件 331 件,同比下降 4%,其中调解 52 件,调解率 16%;裁决 223 件,裁决率 67%;撤案 56 件,撤案率

17％;快速结案(组庭后 30 日结案)127 件,快速结案率 40％;结案率 88％,当年结案率为 60％。仲裁秘书最高结案数 106 件。被法院不予执行 1 件,发回重新仲裁 1 件,金融仲裁取得了较好的社会效果。

二、科学研判形势,精准发力提升水平

根据 2021—2022 年的金融仲裁案件办理情况,金融案件类型日趋多样化,审理模式日趋成熟化,但受案数量大幅回落,受案标的持续下降,究其原因,主要有三点。一是由于国家金融监管加强、企业风控水平提高等因素,金融纠纷数量减少,又因多元化纠纷解决机制的推广,多数纠纷被前置处理,金融仲裁案件数量呈下降趋势。二是数字经济的快速发展催生出许多新金融业务,而金融仲裁案件类型相对滞后,杭州金融仲裁院受理的案件类型多以民间借贷、金融借款、保险合同纠纷为主,证券类纠纷及银行类案件总体占比较小。三是执行瓶颈亟须破解。经调研,大多银行将案件执行率纳入内控考核范围,这就直接导致很多小标的存量案件得不到妥善解决,存量案件数不断上升,人为地避免了案件结案数与案件执行率差距较大的尴尬局面。

当前新冠疫情已结束,经济正提速恢复,市场主体活力不断提升,金融类业务将迎来增长期。《中华人民共和国仲裁法》即将修订,国家正大力支持仲裁制度建设,构建多元化纠纷解决机制。杭州金融仲裁院应把握住新机遇,搭乘政策东风,积极推广金融仲裁,突出金融仲裁的优势,积极促进案件类型多样化,将触角伸展至金融市场活动的多个领域,扩大杭州金融仲裁影响力。

三、改变发展观念,抓紧发展机遇

杭州金融仲裁院在民间借贷纠纷、金融借款合同纠纷、保险纠纷等传统金融业务的基础上,积极发展新金融业务,以实现金融仲裁案件类型的多样化。

(一)继续深耕银行业务

以银行业为基础,突出仲裁解决银行业纠纷的优势,积极走访各类银行机构,在保证银行传统业务选择仲裁的同时,积极推进银行创新业务优先选择仲裁,同时探索具有金融仲裁特色的审理机制和程序规则。2022年,走访中国工商银行,推动工行作为底层资产的投资项目签订仲裁,工行湖墅支行将个人循环贷业务的合同中植入仲裁条款。金融仲裁院将以此为试点,积极推广仲裁,尝试与各银行进行多领域业务范围和多层级模式的合作。

(二)加强与保险行业的合作交流

金融仲裁院积极走访浙商保险、人民保险、中华联合财产保险、太平洋保险、大地保险、阳光保险等公司,推动各类保险公司在人身意外险和其他财产险中选择杭州金融仲裁,进一步扩大非车险领域仲裁选择范围。2022年已落实中华联合财产保险在杭州地区的农险、企财险及意外险业务选择杭州仲裁。

(三)加强与证券、融资类大型金融企业的合作交流

金融仲裁院积极走访杭州金投、城投集团、市融资担保等优质国企,并就争议纠纷解决机制展开探讨,结合仲裁优势推广仲裁制度,推动国企选择杭州仲裁。金融仲裁院还积极与相关金融企业沟通联络,推动其在私募基金、融资租赁、证券、金融衍生品及大宗期货交易等领域选择杭州仲裁。

此外,金融仲裁院积极与中国证券投资基金协会浙江分会、浙江省投融资协会、浙江金融专业委员会等前期已建立战略合作关系的单位保持紧密的联系,积极引导相关金融案件进行仲裁。其中,金融仲裁院多次与证券业协会合作举办研讨会,探索证券纠纷多元化纠纷解决机制,通过证券业协会平台向社会推广杭州仲裁。截至2022年底,浙商证券、财通证券等证券公司已选择杭州仲裁。

（四）加强与法院、政府等部门的联动

加强与法院的沟通、合作、交流，探索金融案件在诉讼与仲裁的合理分配机制。积极走访各级人民法院，就金融案件的诉前保全、审理、执行与撤销等相关问题进行沟通交流。走访杭州市中级人民法院民事审判第四庭，就金融案件的送达及管辖等问题进行探讨；走访杭州市中级人民法院刑事审判第二庭，就目前金融院涉刑案件的相关问题进行探究。此外，金融仲裁院还与金融机构比较集中的上城区人民法院共同举办研讨会，同时邀请辖区内相关银行及金融企业参会，就目前化解金融类纠纷的难点、痛点展开探讨，推广杭州仲裁。

应省高院金融庭要求，金融仲裁院统计了 2016 年至 2022 年银行类案件的审理情况，并与省高院金融庭就银行类案件受理审理相关事宜进行了探讨和研究。根据研讨成果，金融仲裁院起草了《杭州仲裁委员会关于〈金融纠纷高效解决指引〉中关涉仲裁内容有关事项的完善建议》。

2022 年，杭州金融仲裁院积极与省企业法律顾问协会、上城区金融办、西湖区司法局等多家单位联系，参加了由省法律顾问协会举办的"新形势下企业合规工作研讨会"，与杭州市丽水商会及其下属会员单位代表、浙江海浩律师事务所共同举办"探讨商会与仲裁共同发展模式"小型论坛，与杭州市律师协会金融专业委员会共同主办、北京大成（杭州）律师事务所银行与金融、保险专业部协办"金融合规——现状与展望论坛"等多个论坛。同时通过各律所的仲裁员积极发展银行业务，推动其顾问单位选择杭州仲裁，并与相关行业协会开展合作，与律所联合举办多次相应的金融实务业务论坛。

（五）提高金融仲裁案件审理质量与公信力

加快金融仲裁案件的审理速度，统一金融仲裁案件的格式、字体等。积极推动办案秘书在审限内结案，并提高其快速结案率。针对类型化金融纠纷案件，充分发挥金融仲裁"快"的特点，研究简化仲裁程序的办法，有计划、有侧重地培养专业仲裁员，统一类案裁决书格式，提高案件审理效率。

注重提升办案秘书办案质量及效率。督促办案秘书扮演好辅助者、服务者、参与者的角色，做好仲裁庭的服务工作，并且在推动仲裁程序上严格把关，实现金融仲裁案件高质量发展。办案秘书是仲裁程序环节中不可缺少的一环，要对办案秘书严格贯彻落实重大事项报告制度，加强仲裁庭的庭前沟通，庭后及时报告。对超亿元案件仲裁审理进行总结，保证案件质量。

加强协调法院发回重裁案件，对重大疑难案件加强研讨论证，控制仲裁风险。有力地践行"程序灵活合法、实体均衡公正"的原则，为金融仲裁的公信力建设打下了坚实的基础。对于民间借贷纠纷案件，对有虚假仲裁风险的案件保持一定的敏锐度，结合法院协同治理民间借贷工作的《职业放贷人名录》，做好案件性质的审查和判断。密切关注相关政策动向，为金融仲裁案件高质量、高效率审理提供基础性保障。此外，针对个别疑难案件走访法院，沟通案件处理情况，了解相关政策要求，确保高效、公正地处理案件，保障当事人的合法权利。

四、2023 年展望

金融是国民经济的血脉，金融运行的质量代表着国民经济运行的质量。金融活，则经济活；金融稳，则经济稳。当前，世界百年未有之大变局深刻演进，世界经济正处于逐步复苏的重要时期，全球金融体系机遇与挑战并存，金融仲裁发展面临崭新的市场环境。

(一)提高办案效率，增强仲裁吸引力

仲裁制度与金融行业天然具有密切结合的特性。仲裁相比于诉讼，最大的优势之一就是程序便捷、一裁终局，与金融行业追求资金快速周转的本质要求高度契合。发展金融仲裁业务，要求仲裁机构和仲裁庭更加需要注重以快速、方便、灵活的仲裁程序安排，降低当事人时间和资金成本，便利当事人尽快止争止损，轻装开展新的业务。

(二)加强业务创新，提高市场竞争力

仲裁的活力在于创新，仲裁服务于产业，而金融行业又是国民经济中

创新最活跃的行业之一。仲裁机构要吸引金融争议当事人选择仲裁方式解决争议,对于存量,关键是通过业务创新不断提高服务效率;对于增量,关键是要密切跟踪把握金融创新的新特点以及创新衍生出的新业务,及时推出新的仲裁服务,满足金融争议解决新需求。

(三)加强规则建设,树立仲裁公信力

仲裁由于其私密性,公信力的塑造不是靠公布典型案例,而主要是靠公开发布的仲裁规则。仲裁机构要根据金融业务发展新形势和金融争议新需求,及时出台为金融仲裁量身定做的仲裁规则或者相关规定,为高效解决金融争议提供制度支持。

(四)加强人才培养,强化仲裁业务支撑

经过多年的迅猛发展,我国金融行业培养和集聚了大批专业人才,仲裁行业也积累了一批既懂仲裁又懂金融的人才,但在高端的、涉外的金融仲裁人才方面,我们的人才储备还远远不够,一定程度上制约了金融行业本身的发展。期待金融行业与仲裁行业联起手来,共同开展仲裁人才培养工作,为中国金融仲裁以及中国金融行业参与国际市场竞争提供更加雄厚的人才保障。

平　台　篇

2022年钱塘江金融港湾暨杭州国际金融科技中心建设发展报告

杭州市地方金融监管局

2022年以来,杭州市坚决贯彻落实省委、省政府的战略部署,坚持稳妥创新发展理念,积极引导金融产业在港湾核心区集聚发展,以区域金融改革创新工作为重要抓手,以提升金融服务实体经济实效为主线,紧抓杭州国际金融科技中心建设工作,全面推进钱塘江金融港湾暨杭州国际金融科技中心建设取得阶段性成效。

一、港湾综合实力稳步提升

(一)港湾核心区基础设施不断完善

杭州市深入贯彻落实浙江省关于推进港湾核心区两岸拥江扩面的部署,围绕杭州金融城、钱塘江金融城,重点推进核心区内重点基础设施项目建设。至2022年底,近江金融科技中心顺利结顶,浙商银行总部项目累计投资额已达22亿元,江河汇综合体、御道国际金融科技创新总部中心、浙商金控金融中心等项目开工建设,滨江区内PingPong金融科技产品产业化基地主体结顶,港湾核心区集聚空间有效拓宽。

(二)金融要素集聚效应不断增强

为进一步提升港湾金融要素集聚效应,杭州市积极做好金融机构招引及企业上市工作。2022年以来,新华基金浙江分公司、中韩人寿浙江分公司、物产金石小贷公司、三峡集团能源投资浙江总部等新一批金融类企业落户核心区,截至 2022 年底,核心区共有省级以上持牌金融机构 120 余家,金融业态进一步丰富。2022 年全年,杭州市累计新增境内外上市公司 27 家,境内外上市公司家数全国排名第四。

二、区域金融改革取得新突破

(一)数字人民币试点成功落地

自 2022 年 3 月获批纳入数字人民币试点范围以来,杭州市会同中国人民银行浙江省分行积极开展相关工作,全面推动数字人民币试点取得良好成绩。全省首次政府数字人民币红包活动在上城区湖滨商圈顺利开展,全省首笔数字人民币惠企资金在亲清在线平台发放,全国首张数字人民币文旅惠民卡在杭州市推出。在政务服务、消费、民生等多个领域数字人民币应用多点开花,已形成了一批可复制可推广的数字人民币应用模式,线下受理商户已达 19.3 万个,落地各类应用场景超过 28 万个,各项指标全省第一,在第三批试点城市中领先。

(二)有序部署科创金融改革工作

2022 年 11 月,经国务院同意,人民银行等八部委联合印发《上海市、南京市、杭州市、合肥市、嘉兴市建设科创金融改革试验区总体方案》。试验区正式获批后,杭州市汇聚相关市直部门、金融机构、投资公司、高校学者等多方力量,通过座谈等形式共谋科创金融改革思路,邀请省局及一行两局给予指导,草拟杭州市科创金融改革实施方案,已报经市政府常务会议、市委财经委员会会议审议通过,后续将按有关程序要求,以市政府名义上报省政府。

(三)积极推动区域性股权市场创新试点

支持西湖区设立北京证券交易所省级培育基地,完成硬装工作,正在试运行。深化"科创人才板"建设,建立余杭区"上市一点通"与浙股交"浙里培育"系统对接机制。开通新三板浙江绿色通道,全年共有 22 家(杭州 5 家)企业通过"绿色通道"成功挂牌。推动创投与私募基金份额报价转让平台建设,申请报请市政府同意后上报省政府办公厅。

三、金融生态体系构建持续向好

(一)政策体系不断完善

2022 年以来,杭州市地方金融监管局围绕金融助力实体经济高质量发展,出台《关于推进全市融资担保行业持续健康发展的实施意见》《关于贯彻落实〈浙江省人民政府办公厅关于金融支持激发市场主体活力的意见〉的若干措施》《杭州市绿色金融支持碳达峰碳中和行动计划》等一系列政策,港湾金融支持政策体系进一步完善。

(二)加强数智金融运行体系建设

持续建设完善杭州金融综合服务平台,搭建临平、余杭、富阳、建德、萧山等区县专区,开发专精特新中小企业融资专区,截至 2022 年末,平台已累计撮合融资金额 2838 亿元,获评第三届"新华信用杯"全国优秀信用案例。引导金融机构加大信贷支持,深入开展"首贷户"拓展行动,引导银行机构支持普惠小微、民营经济、制造业等重点领域。推动移动支付高质量发展,推动移动支付多跨应用场景建设,打造医疗健康服务生态圈,完善智慧旅游服务,实现云闪付 App 与银行机构 App 地铁乘车码互用。

(三)金融科技创新发展

杭州银行有序建设新一代数据中心、完成 Sass 系统应用整体系统设计,浙江农商银行联合之江实验室打造金融智能风控平台、旗下金融科技子公司——浙江农商数科稳步运营,在杭金融机构数字化转型步伐加速。全面实施金融科技创新监管工具,成功推动 2 个已"入盒"创新应用获批"出盒",金融科技创新监管机制日趋完善。大力支持跨境电商支付龙头企业发展壮大,连连国际完成印度尼西亚支付牌照布局;PingPong 完成国内

《支付业务许可证》续展，并与欧元区最大银行法国巴黎银行（BNP Paribas）强强联手，达成收单合作，成为业内首家实现支撑欧盟当地电商市场发展的跨境支付企业。

（四）金融业态不断丰富

蚂蚁集团全球总部、世界银行全球数字金融中心、首家中外合资清算机构——连通（杭州）技术服务有限公司等一批高能级金融科技项目先后落户杭州，招引中国人寿杭州研发分中心、中资管金融科技研究院、浙大城市学院数字金融研究院等新一批金融创新载体落地，金融科技创新策源力量稳步提升。几年来，信雅达、恒生电子、同花顺等具有金融科技业务的上市科技企业成功利用资本市场发展壮大，乒乓智能成功取得国内第三方支付牌照，并已实现与国际六大发卡组织的直接合作，连连科技、趣链科技等一批涉金融科技企业成功入选独角兽名单，以上市公司、独角兽企业为龙头的金融科技产业发展矩阵初步形成。

四、下一步工作思路

2023 年是全面贯彻党的二十大精神开局之年，是"八八战略"实施 20 周年，是杭州亚运会举办之年，杭州市地方金融监管局将全面学习把握落实党的二十大精神，坚定不移沿着"八八战略"指引的路子前进，助力提升钱塘江金融港湾发展能级，努力开创国际金融科技中心新局面，进一步增强杭州金融业服务实体经济能力，助力杭州经济实现高质量发展。

（一）聚焦金融聚集，构筑金融产业创新发展高地

一是加快金融要素资源集聚。推动实施《杭州市金融机构（组织）"引新育强"三年行动计划》，招引培育新一批金融机构在杭落地；落地实施《杭州市人民政府办公厅关于建设现代金融创新高地助力经济高质量发展的实施意见》（杭政办〔2023〕2 号），为金融机构总部及金融科技子公司、金融控股公司、征信公司等重点招引金融项目来杭发展提供有力政策保障。二是推进杭州国际金融科技和财富管理中心建设。出台实施《杭州国际金融

科技中心建设实施方案（2023—2025 年）》，吸引国内外大型金融机构总部来杭设立金融科技子公司等创新平台，壮大金融科技创新主体。健全金融科技企业梯队培育机制，形成聚合发展的金融科技产业链，加快打造千亿级金融科技产业集群。研究起草《关于创建杭州全国资产财富管理中心的实施方案》，培育一批优质资产财富管理机构，落地一批有行业示范效应的资产财富管理项目。三是高质量推进金融小镇发展。推动金融小镇差异化发展，支持玉皇山南基金小镇落实《杭州市玉皇山南基金小镇"十四五"发展规划》，全力打造中国特色世界级基金小镇样板；支持西湖蚂蚁小镇主动融入城西科创大走廊发展，落实市政府与蚂蚁集团全面深化战略合作协议，推动小镇金融科技再上新台阶；支持运河财富小镇完成省级金融小镇命名验收。

（二）聚焦创新平台，营造金融创新发展生态

强化核心区承接国家和全省金融创新发展战略的主体责任，打造钱塘江金融港湾展示服务中心，提升金融创新示范、金融产业招商和综合金融服务等功能，打造成为一个阵地（党建服务阵地）、两个中心（投融资服务中心、规划成果展示中心）、三个平台（投资者教育平台、招商引资平台、金融信息发布平台），成为推动钱塘江金融港湾发展的重要载体、浙江和杭州对外宣传金融高质量发展的重要窗口；构建金融创新发展展示平台，动态发布金融信用环境指数、资本市场活力指数、金融科技创新指数、科创金融服务指数、保险资金价格指数和金融人才发展指数等，树立中国式现代化金融改革发展风向标。

（三）聚焦改革创新，推动区域金融改革再上新台阶

一是加快创建国家级科创金融改革试验区。结合杭州实际，理顺试验区创建工作机制，制定细化实施方案，加快构建广渠道、多层次、可持续的、覆盖科创企业全生命周期的科创金融服务体系，将杭州打造成为国内现代科创金融体系的实践窗口和金融服务支撑科技创新发展的示范基地，为杭州市建设科技成果转化首选地和全国先进生产性服务业集聚地提供持久动力。二是深入推进数字人民币试点工作。进一步完善工作机制，优化工作体系，建立推进落实情况通报机制。统筹财政支持力度，引导各区、县（市）以数字人民币形式发放消费红包、补贴。突出杭州特色，重点推进亚运场景建设，着力提升杭州市数字人民币在政府侧、城市侧、消费侧等的受理环境，为数字人民币在全国落地推广提供"杭州场景"。三是稳妥推进区域性股权市场浙江试点。把握试点契机，构建以数字化企业股权交易中心与创业投资基金份额转让平台为主体，推进非上市公司股权投融资公益性数字化服务平台建设。支持浙江省股交中心深化以区块链为底层技术的登记交易系统建设，助力提升服务中小科创企业效率。

（四）聚焦金融科技，提升国际金融科技中心全球影响力

一是深化金融科技研发与应用。支持之江实验室等一批在杭研究平台组建高层次金融科技研究团队，打造金融科技关键共性技术策源地。鼓励在杭金融科技企业加强与国内外标准组织的联动，推动浙江省数字金融科技联合会规范深化金融团体标准化工作。支持金融机构进行多样化金融场景下的数字化解决方案，构建全方位、多层次的数字金融服务体系。建立重点金融科技创新应用清单，力争开发一批原创性金融科技产品。二是搭建国际化交流平台。深化杭州与国内外金融科技中心的交流合作，高水平举办钱塘江论坛、全球私募基金西湖峰会等重要品牌活动，鼓励各类市场主体举办常态化、市场化、专业化的研讨、成功展示、项目评选等活动，探索建立政府指导、智库支持、海内外企业共同参与的杭州金融科技国际交流与合作平台，进一步提升杭州金融国际影响力和显示度。三是培养金融人才队伍。引入全球化金融智库资源，深入推进钱塘金才计划，持续推动金融人才创新发展行业标准规则体系建设。

2022年钱塘江金融港湾核心区(上城)建设发展报告

杭州市上城区金融办

2022年,上城区深入贯彻落实省第十五次党代会、市第十三次党代会、市委十三届二次全会精神,锚定打造"全省中央金融商务区"目标,全面做好"促发展""优服务""强监管"三篇文章。2022年实现金融业增加值626.1亿元,同比增长5.3%,金融业占全区生产总值(GDP)比重为24.5%,对全区GDP增长的贡献率达33.6%。

一、2022年工作情况

(一)加快金融港湾核心区建设,做好"促发展"文章

一是金融产业招商成效明显。2022年3月,成立区金融招商工作专班统筹推进招引工作。成功引进持牌金融机构省级以上总部12家,落地浙江农村商业联合银行总部、三峡集团浙江能源投资有限公司,新增出资额10亿以上股权投资基金8只等一批优质项目。截至2022年末,全区共有省级以上持牌金融机构150家,占比达到全市的50%以上,备案私募机构632家,占比达到全市的40%以上,金融业集聚度进一步加强。

二是金融改革创新深入推进。2022年4月,杭州市成为数字人民币第三批试点城市,上城区于6月18日与工行杭州分行合作,开展浙江省首个政府发放数字人民币红包活动,发放数字人民币红包200万元。截至2022年末,全区开通数字人民币对公钱包33686个,个人钱包1650949个,应用场景线下37255个,线上7079个,截至2022年底,综合考评指标位居全市

第一。此外，以金融改革创新助力共同富裕，在浙江银保监局"慈善＋信托"创新模式指导意见下，会同杭州工商信托，在省、市、区三级民政部门的指导下发起设立"金融港湾共富基金"，首期募集 11 家金融机构合计 1100 万元，重点投向浙江省山区 26 县共富慈善项目。

三是金融发展生态日益完善。在 2022 年新发布的《钱塘江金融港湾发展实施计划（2021—2025 年）》中，上城区西起玉皇山南基金小镇、东至钱江新城二期范围全部纳入核心区范围，成为核心区面积最大的城区。2022 年，先后举办钱塘江金融港湾核心区（上城）发展联盟大会、全省上市公司政策微课堂、新财富券商研究年会、私募投资基金合规论坛等活动，全区金融业发展氛围日益浓厚，杭州金融城品牌辨识度不断提升。

（二）推动金融服务实体经济，做好"优服务"文章

一是企业上市服务序时开展。2022 年完成兑付 2021 市区两级"凤凰行动"计划补助资金共计 3650 万元；新增上市企业 2 家。截至 2022 年末，全区共有上市企业 37 家，其中境内上市 30 家、境外上市 7 家；另有已审待批 3 家、已报待审 2 家、辅导企业 5 家。上市公司总量位居杭州市第二位。

二是金融人才生态持续优化。认定 2021 年度上城区金融人才约 630 人；摸排省级引才计划申报人选，成功指导多人进入专家评审环节；摸排"西湖明珠工程"市级引才计划并指导完成申报。此外，联合区人才办、区人社局举办上城区金融人才专场云聘会，推出优质岗位 4500 余个，接受岗位咨询服务 1.2 万余条，线上投递简历 6000 余份。

三是金融服务实体纾困融通。2022 年，累计兑现各类金融扶持政策资金共计 7000 余万元，惠及企业 58 家次、个人 282 人次。此外，持续深化融资畅通工程，撮合 30 余家企业对接银行机构和担保公司，联合工商银行、农业银行等 11 家银行提供总额度不低于 100 亿元的优惠信贷支持，惠及上城区小微企业和个体工商户 4000 余家。

（三）维护辖区金融环境稳定，做好"强监管"文章

一是地方金融监管有效履职。2022 年，新设小贷公司 1 家，迁入典当行

2 家。完成典当行、小贷公司 2021 年度监管评级与年审相关工作。典当行参加评级 19 家(其中 10 家参加年审);参加 2021 年度小贷监管评级 7 家,经省、市、区三级地方金融工作部门评审,上城区小贷公司评审结果为 A 级 1 家,B 级 2 家,C 级 1 家,D 级 3 家。常态化召开金融联审会议,全年新增投资类企业 205 家,其中新设企业 177 家,迁入企业 28 家,拦截风险企业 14 家。全年各类地方金融组织经营保持总体稳健,未有系统性风险事件发生。

二是金融监管平台改造升级。以数字化改革为指引,全面升级"上城区金融监管平台",陆续开发上线金融风险监管系统、私募排查监管系统、私募整治办公系统、金融类企业新设联审系统、金融人才评审系统、产业招引系统,服务产业发展。

三是金融风险防范平安护航。全方面做实做细金融风险防控工作,纵深推进"除险保安百日攻坚",迎接党的二十大。全年共收到各类线索信息 121 条,其中省天罗地网 114 件,信访等其他渠道 8 件,均按时有效流转核查反馈。做好私募风险处置工作,摸底排查企业 5277 家,建立辖区内近 6000 家类金融企业信息库,推进辖区内 105 家风险私募机构的分类整治工作。严厉打击非法集资,开展打击养老诈骗专项行动,及时发出部分旅游公司涉非法集资风险提示。配合做好房地产领域涉稳风险整治,对接银保监、人民银行等部门,摸底风险项目资金账户状况及后续资金来源,保障"保资金""保交楼"。

二、2023 年工作思路

2023 年,上城区将认真贯彻落实党的二十大精神,按照《杭州市金融服务业高质量发展三年行动计划(2023—2025 年)》的工作部署,立足发展、服务、监管三大职能,乘势而上,攻坚克难,大力推进钱塘江金融港湾核心区建设,助力杭州高水平打造国际金融科技中心。

(一)开拓发展新格局

一是优化金融招商工作机制。结合区情实际细分招引赛道,加强部门协作,更大力度推进项目招引,力争在招引金融总部机构新设的理财、消费金融、金融租赁、公募基金等子公司方面有新突破，丰富上城区金融业态体系，新增省级以上持牌金融机构不少于 6 家；着力招引合格境外有限合伙人(QFLP)试点项目、外资银行在杭分支机构，在金融外资引进上有新突破，加强核心区金融业发展国际化水平，引进外资不低于 2 亿美元；着力招引成熟私募机构及大型私募股权创投机构新设私募基金，家族财富管理办公室及投资总部类企业，提升基金小镇实力，打造全国一流的财富管理总部；招引金融科技类公司，重点引入金融机构科技子公司及不良资产处置、清算业务、风险防范、量化交易设计等方向的金融科技公司。

二是持续深化浙股集团合作。共建区域性股权市场创新试点示范基地，共同推动创投股权与私募基金份额转让试点落地，发起设立私募股权二级市场基金(S 基金)，更好发挥非公开市场功能；打造企业上市培育服务中心，在玉皇山南基金小镇建设立区域性股权市场会客厅，引导上交所、北交所在小镇设立基地。

三是打响钱塘江金融港湾品牌。更高水平举办各类峰会论坛活动。依托中国人民银行浙江省分行、浙江证监局、国家金融监督管理总局浙江监管局等金融行业监管部门及各类金融行业协会，运营钱塘江金融港湾"金玉良缘"共创联盟，推进联盟成员之间组织共建、阵地共用、服务共享、活动共办、发展共赢、公益共促、品牌共育，推介杭州及上城区投资环境，举办高端峰会论坛 3 次以上。

(二)提升服务新效能

一是深入推进"凤凰行动"计划。成立"上城区企业上市服务团"，以服务上市和并购重组为目标，整合行业协会、券商、会所、律所、投资机构、交易所等各类资源，为企业提供政策解读、上市辅导、人员培训、风险管控、资本运作等方面的专业服务，营造良好的融资、上市的综合环境，助力更多优质企业登陆资本市场。力争 2023 年新增上市企业 4 家以上，新增报会及辅导企业 8 家以上。

二是完善政策深化融资畅通。继续做好兑现金融产业政策、企业上市政策、基金小镇政策以及金融人才政策。联合金融机构深入开展金融综合服务,提供总额度不低于 200 亿元的优惠信贷,支持中小微企业和个体工商户发展;对接辖区主要创投机构筹措各类股权投资基金 100 亿元,支持实体经济创新发展;加大政府性融资担保机构降费让利力度,鼓励支持扩大实体经济领域小微企业的融资担保业务规模,力争 2023 年政府性融资担保体系担保余额突破 4 亿元,平均担保费率降至 0.8% 以下,有效降低中小企业融资担保成本。

三是持续吸引金融人才落户。扎实做好金融人才"引育留用管"全流程服务,鼓励金融人才赋能项目招引。贯彻落实《关于深化金融人才管理改革试验区建设的实施意见》,持续开展上城区金融人才分类认定,加大人才招引力度,力争到 2023 年底,集聚高层次金融人才 1000 人以上,构建省、市、区三级金融人才梯队,鼓励高层次金融人才参与国家、省、市人才认定,新增省市级高层次人才 3 名以上。

(三)强化审慎性监管

一是加强日常监管工作。加强典当行、小额贷款、融资担保、融资租赁公司等地方金融组织的日常监管工作,做好现场与非现场检查结合应用、审慎监管与行为监管结合应用。健全金融风险预防、预警、处置、问责制度体系,持续升级金融监管线上平台,扩大线上线下监管体系覆盖范围,覆盖辖区各类金融市场、金融机构、金融科技公司、金融产品。

二是完善金融联审制度。把好各类投资类机构准入关,加强对股东资质、股权关系的穿透核查及财务状况的核实。有序开展私募基金管理人照前会商,保证股东出资真实有效,管理规范。坚持市场化原则,既要保证合法合规的机构准入,又要确保风险类机构的排除,从入口端防范金融风险。

二是持续防化金融风险。持续做好网贷风险、私募风险处置,压实机构及股东主体责任,稳妥做好网贷机构出清后续资产处置、追赃挽赃等工作,继续做好私募机构风险处置工作,配合做好 35 家融资租赁公司清退工作。关注新型金融业态和金融行为,严厉打击非法集资活动。强化非法金融活动线索核查、非法集资行政执法、防范非法集资宣传、群众信访接待答复等工作,确保不发生新的涉众型金融风险。

2022年钱塘江金融港湾核心区(萧山)建设发展报告

杭州市萧山区金融办

2022年,萧山区持续招大引强、招强引优,大力布局总部金融、科技金融和产业金融,提升钱塘江金融港湾核心区能级,推动钱塘江金融城成为引领金融创新发展、辐射浙江金融服务、推动实现共同富裕的核心引擎和强劲动力源。全年实现金融业增加值241.7亿元,同比增长12.3%,拉动全区生产总值(GDP)增长1.3个百分点,金融业增加值占全区GDP比重为11.7%,占服务业增加值比重为20.1%。

一、2022年发展情况

(一)提升能级拓宽载体,金融集聚加速发展

充分发挥钱塘江金融城"金"字招牌,持续提升金融集聚平台能级,不断拓宽物理集聚载体空间,加快推进浙江省交通投资集团金融中心总部、浙商银行总部大楼、浙商金控金融中心等在建类重点企业项目建设。2022年,钱塘江金融城新增金融企业20家。全年实现金融产业税收5.1亿元(不含银行、证券、保险),同比实现大幅增长。金融产业税收超200万元以上的企业17家,占全区金融企业税收的1/2。

(二)项目带动错位发展,搭建产业金融生态圈

钱塘江金融城以金融服务实体经济高质量发展为导向,坚持项目牵动,注重招大引强,分类别多层次招商。对标上海陆家嘴金融城、杭州金融

城,实现错位发展,重点吸引非银金融机构、金融科技企业、私募投资机构,构建起产融协同发展的新金融生态圈。连续多年举办万物生长大会、碳中和创新和投资发展论坛、政银企共建暨促进经济高质量发展大会等,强化需求对接,营造创业投资氛围。建立信息共享和集体研判平台,引导企业与创投机构精准对接,扶持金融产业培育企业提升发展。"蚂上创业营"赋能近 100 位优秀创业者,打通高效资本资源链接,形成高质量优秀创业者生态社群。

(三)做优金融风险防控,打造安全营商环境

妥善处理促发展与防风险的关系,营造钱塘江金融城风清气正的营商环境。优化金融投资类风险核查制度,建立线上联审系统,让数据多跑路、企业少跑路,大幅缩短企业落地时间。落实好《防范和处置非法集资条例》和《浙江省地方金融条例》,金融风险防控总体有力有效,实现全年金融领域群体性事件和非法集资案件零新增。通过加强地方金融组织监管,开展金融城范围内虚拟注册企业和私募基金领域风险排查,早发现早处理潜在金融风险,不定期组织开展扫楼行动,始终严格把牢金融风险增量关口,切实守住金融风险底线,为经济社会发展创造稳定有序的良好环境。

二、2023 年工作重点

钱塘江金融城将立足长三角一体化发展趋势和钱塘江金融港湾重大平台建设等机遇,大力布局总部金融、科技金融和产业金融,持续招大引强、招强引优,全力打造具有强大资本吸纳能力、人才聚集能力、创新转化能力、服务辐射能力的财富管理和新金融创新中心。

(一)招引和培育各类金融机构

通过实施《钱江世纪城楼宇联动招商扶持办法》相关奖励政策,大力拓宽知名金融企业机构招引渠道,坚持错位竞争和差异化发展的思路,持续实施金融业务补链强链行动,重点支持和发展上市公司及其投融资总部、金融科技公司等落户钱塘江金融城。

（二）开展创投行业改革创新试点

充分利用杭州市列入科创金融改革试验区的契机，发挥钱塘江金融城的区位优势，争取列入省级创投行业改革创新试点，把钱塘江金融城打造成为全省乃至全国有影响力的创业投资集聚区、形成"创新—创业—创投"的良性互动局面，进一步推动科创金融助力创新发展，做大做强科创金融产业。

（三）持续有力防范金融企业风险

强化企业风险防控机制，开展风险监测预警，强化部门间协同配合，做好风险隐患排查。加强防范金融风险宣传，开展金融知识培训，提高系统性防范金融风险能力，形成各部门齐抓管的工作局面。密切关注各类潜在涉众型投资的动态，防范极端事件发生。

2022 年玉皇山南基金小镇建设发展报告

杭州市玉皇山南基金小镇管委会

2022 年以来，玉皇山南基金小镇紧紧围绕上城区"建设独具韵味的国际化现代化共同富裕典范城区"战略定位，对标对表区委"八大行动"要求，主动作为、狠抓落实，全面实施基金小镇 2.0 版迭代升级工程，现将工作情况总结如下。

一、发展情况

截至 2022 年 12 月底，基金小镇入驻金融企业共 2301 家，1—12 月实现税收 35.03 亿元，同比增长 10.3％，累计资产管理规模 11768 亿元，获评"最受欢迎基金小镇""中国最佳基金小镇""最受关注基金小镇"。

（一）产业发展进阶新升级

高起点编制基金小镇"十四五"发展规划，升级产业业态 2.0 版。全力招强引优，落地新华基金浙江分公司等公募基金区域总部，深圳高远资本等产业投资基金，月阑创投、华宝基金、司南投资等上市公司投融资板块项目，30 亿规模的未来社区基金和浙江省金融研究院、浙江省金融顾问服务联合会等平台项目，共计 165 个、新增资产管理规模 114 亿元，为街道平台梳理提供项目信息 1000 余个、对接项目 32 个。助力共同富裕，至 2022 年底，小镇在投实体企业 10507 家，其中投向省内 2568 家，资本金额 3800 亿元，累计扶持 323 家公司上市，所投企业中 45 家上榜第四批国家级专精特新"小巨人"，18 家获评 2022 杭州"独角兽企业"，153 家获评"准独角兽企业"，占杭州市近 50％。省内山区 26 县均有基金小镇投资项目，总数 654

个,涉及当地被投实体企业 380 家,成功培育扶持上市企业 6 家。聚力为企服务,走访企业 500 余家次,联合深交所浙江基地做好小镇扶持企业上市培育工作,联合财通证券投资者教育基地做好企业风险警示教育,联合区国税、国浩律师事务所为企业提供专题政策解读、纳税辅导操作,为 35 家小镇企业对接年度政策兑现工作,落实 2022 年租金减免金额共计 1941.43 万元。着力风险防控,规范强化国企改革后资产管理,修订《杭州市玉皇山南基金小镇管理委员会招商引资物业租赁暂行办法》,出台小镇金融风险防范工作机制、入驻企业退出管理办法等,完善风险防控闭环管理,2022 年通过新设联审 184 家。

(二)空间拓展优化新突破

扎实推进小镇"一镇多点"扩容布局,做优产业空间。打造精品样板,高品质完工樱桃山工程,获浙江经济生活等省级媒体报道肯定。尼龙山项目协调铁路部门加速推进,同步招商储备南华期货旗下市外产业项目等。依托环境优势申报特色产业风貌建设样板,获评 2022 年度杭州市第一批城乡风貌样板区。打造安全样板。落实主体责任,签订各级《安全生产责任书》60 余份,严格每周巡察、每月培训、每季例会"三每机制",日常检查整改问题 320 余个,举办安全培训 12 场次、覆盖员工 400 余人次,完善火灾、防汛抗台、防雪抗冻等突发事故应急处置预案,投入 45 万元更新排水泵、潜水泵等设施,加强汛期排水能力,确保通行安全。

(三)特色品牌内涵新提升

主动挖掘服务潜力,以特色品牌为抓手精细培育产业发展生态。抢抓试点机遇,联合浙股集团打造创投股权与私募基金份额报价转让平台,2022 年已完成项目验收,获评 2022 年浙江自贸区杭州片区第一批优秀改革试点经验项目。联合深交所浙江基地推进全省数字化项目浙里企业上市集成服务"凤凰丹穴"系统建设,为企业对接资本市场提供线上服务。抢抓杭州市开展 QFLP 试点契机,组织小镇机构安丰创投申报试点资格,有望成为全市首批、区内首家 QFLP 试点机构。深化辐射协同,破题"金玉良缘",与钱塘智慧城签订合作备忘录,共同建立拟上市企业促进机制与招商引资专家评审机制,推动企业培育孵化,加快全区拟上市企业 IPO 进程。与澳门创新投资联合会签订战略合作协议,围绕浙澳两地私募基金发展及投融资对接展开合作。组织"山南论剑、论法、论道"系列线上＋线下座谈、路演等活动 28 场,为企业提供投融对接和信息服务。打造慈善品牌,成立全省特色小镇首只公益性"共富基金"——玉皇山南共富基金,发布玉皇山南基金小镇慈善助共富倡议书,倡导资本向善的良好风尚,助力地方物质精神双共富,2022 年已与温州市平阳县完成第一单重点扶持项目。

(四)党建引领赋能新作为

坚持党建引领高质量发展,持续擦亮基金小镇党建 2.0 红色样板的底色成色。组织引领统筹有序,深化党建联盟,完成 50 人以上企业组织全覆盖,培育区级两新党建示范点 3 家,1 人获评"杭州市新时代好党员",组织全域 31 个党组织 300 余名党员集中收看党的二十大,制定小镇两新党建"红领山南、四全双强"三年行动方案、党组织关系转接管理制度、"三联三会"工作机制等,党群中心举办活动 82 场、服务超过 2000 人次,承办的"共学党代会精神,共话书香上城"活动被列为市级示范项目。人才保障专业有力,整合资源推动钱塘江金融港湾金融人才服务中心、杭州全球金融青年人才中心、上城区金融企业大学生实习联盟基地等平台落地小镇,开展各类培训、评审会等 9 场、服务 300 余人次,举办"金玉良缘,送岗到沪"基金小镇专场云聘会,提供超过 3000 个优质岗位。"亲""清"发展融合有力,完成"清风书房""清风小径""清风小筑"等"亲清山南"阵地 1.0 版打造,接待各级参观考察调研超过 500 人次,"亲清讲堂""新资态座谈会"获市、区纪委领导肯定。全年召开党风廉政大会 2 次,专题研究党风廉政建设工作 3 次,各级签订责任书 9 份,教育覆盖超过 200 人次。

在取得一定工作成绩的同时,也存在一些不足和短板,主要是龙头项目招引有待进一步加力推动,"金玉良缘"工作实绩有待进一步深化提高,国企改革后续工作有待进一步细化落实,党建品牌矩阵建设有待进一步抓实提升。此外,还存在小镇空间承载能力不足、招商引资压力大等问题。

二、下一步重点工作

下一步,基金小镇将立足自身定位,深入贯彻党的二十大精神,以"金玉良缘"强化产业引领担当,围绕"都市经济高质量发展"全力贡献基金小镇的金融力量。

(一)以招强引优进一步提升基金小镇金融产业首位度

深化"金玉良缘"业态协同互补,建立小镇资管机构与杭州金融城代表性金融机构在产业链上下游的统筹对接。高质量完工尼龙山提升改造项目,积极抢占新赛道,在小镇进一步集聚大资管领域机构、产品、市场、资金、科技、人才等要素,大力招引投资总部、持牌金融机构和重要交易机构区域基地,积极引进大型资管机构、头部私募基金、公募基金、金融机构理财子公司、国资背景产业(引导)基金、上市公司投融资机构等业态,以浙商资产落地山南印为契机,主动延伸特殊资产管理等新产业链条,结合现有产业区块布局在小镇三期尼龙山区块打造特殊资产管理中心,逐步构建完整的资产管理生态系统。

(二)以特色生态进一步提升基金小镇金融产业辨识度

深化"金玉良缘"生态融合发展,携手杭州金融城高标准打造"四大平台",办好"两个会议"。加强与浙江省金融研究院、浙江省长三角资本研究院、"新财富"等机构战略合作,发挥高端智库作用,建设"玉皇山南基金小镇产融会客厅",打造高端金融研究平台。发挥浙江省金融顾问服务联合会作用,为全区企业提供综合金融服务,打造高端金融服务平台。实体运作钱塘江金融港湾人才服务中心,联动杭州全球金融青年人才中心、上城区金融企业大学生实习联盟基地,打造全要素、全链条高端金融人才服务平台。联动深交所浙江服务基地,合力打造基金小镇企业上市服务平台。高水平办好"全球私募基金西湖峰会""大宗商品金融服务创新峰会",持续擦亮上城区国际会议"金名片"。

(三)以创新引领进一步提升基金小镇金融产业贡献度

深化"金玉良缘"创新试点成果,联动杭州金融城合力推动改革发展成效落地。深化区域性股权市场创新试点承接工作,协同浙股集团推进创投股权和私募基金份额报价转让平台二期系统建设,积极推动国资有限合伙人(LP)入场,探索设立 S 基金。协同深交所浙江服务基地加快推进浙里企业上市集成服务"凤凰丹穴"系统试点落地。协同永安期货、浙商银行等大宗商品生产贸易企业、敦和资管等投资机构,探索打造"大宗商品综合服务数智化平台"。密切跟踪安丰创投 QFLP 试点申报进展,加快落地打通外资投资资本进入通道。

2022年西湖蚂蚁小镇建设发展报告

杭州市西溪谷建设发展管委会

2022年,西湖蚂蚁小镇作为钱塘江金融港湾、城西科创大走廊的重要部分和金融科技产业发展的主要平台,以世界级金融科技产业生态园为目标,聚焦金融科技特色产业和龙头企业,全面推进小镇区域经济和社会发展迈上新台阶。小镇连续3年在省级特色小镇考核中获优秀成绩,并连续两年获得省特色小镇"亩均效益"领跑者荣誉。2022年度小镇财政总收入216.05亿元。

一、2022年工作推进情况

(一)锚定产业赛道,多平台合力推进

2022年,出台《西湖蚂蚁小镇三年行动计划(2022—2024年)》,继续锚定金融科技和数字经济的产业赛道,举办"云起西湖·金融科技城市推介会"等活动,做好小镇的招商和项目储备工作。一方面,重点打造区块链产业园。以蚂蚁链创新中心为抓手,推动小镇孕育大科技,已落地区块链项目83个,其中国内区块链领军企业3家,涉及"区块链+工业"、政务、元宇宙等10多个场景。园区发挥政企资源叠加优势,构筑区块链技术创新高地、应用高地、人才高地,推动区块链赋能实体经济的规模化应用。杭州蚂蚁链产业创新中心项目在2022年世界互联网大会乌镇峰会上获得浙江省10个历年优秀合作项目,并在数字经济产业合作大会上做了成果展示。另一方面,深入挖掘招商资源。赴北京、南京等地开展上门招商,积极招引优质项目,对接产业项目超过200个,落地83个,其中亿元以上项目6个,区

重点签约项目8个。依托浙大科技园、西溪谷藕舫共创中心等几大载体，加速高校经济发展，落地高校经济项目12个，其中优质项目8个，引进海内外高层次人才创业团队5个。

(二)优化发展格局，产业空间再拓展

一是加快做地出让。2022年，小镇集中力量，组建专班，完成了2宗用地(爱知车辆厂、航天通信)的出让工作，1宗用地(海聚电器)的收储工作。截至2022年末，小镇按计划任务完成青春宝地块做地收储工作，以及省交投地块的征迁扫尾工作，为小镇后续的发展储备空间。二是合力打造新地标。小镇区域在建重点项目有宏美实业、西溪金融总部园等项目，年内西溪金融总部园一期计划竣工。按照一人一项目模式，根据项目建设需要做好协调服务，确保项目建设按期推进，同时与项目主体加强合作，使竣工项目尽快成为小镇产业发展的新空间、新地标。

(三)抓好基础建设攻坚，助力未来园区打造

一方面，做好小镇范围内的基础设施建设，实现小镇环境优化，用心勾勒西溪谷历史文脉、科技创新与自然生态有机融合的优美画卷。2022年，小镇共续建1条道路，新开工建设3条道路，办理2个绿地、广场项目前期手续，完成3条道路竣工验收。另一方面，不断提升小镇的服务能力和数字化水平，全年共走访企业453家次，帮助企业解决问题26个。围绕金融政税申报、国高雏鹰项目申报、投融资对接等企业关切点，开展创享智谷品牌活动等各类服务活动20余场次，为区域企业提供便捷省时、贴心暖心的全方位服务。同时，在区块链产业园进行了数字系统开发，建成拥有完善的智慧"大脑"即智能信息管理系统，赋能园区运营、管理和招商等工作。系统以蚂蚁链技术为底层支撑，创新设计集政策服务、资金监管服务、税务服务、资产服务、合同服务、版权服务等模块于一体的"未来园区"示范应用场景，并进一步在小镇其他园区进行拓展，不断推进金融小镇产业数字化、服务数字化、治理数字化。

二、2023 年工作思路

2023 年,西湖蚂蚁小镇将根据《钱塘江金融港湾发展实施计划(2021—2025 年)》的要求,结合《钱塘江金融港湾建设工作要点》,抓住钱塘江金融港湾核心区和杭州城西科创大走廊深度融合发展的契机,致力于金融科技产业高质量发展的目标,实现金融科技人才集聚,助力金融科技创新策源地建设。将西湖蚂蚁小镇打造成以金融科技为主导的企业创新发展的最佳地、科技成果转化的首选地、以人为本创新创业的理想地。下一步,西湖蚂蚁小镇将重点做好以下几方面工作。

(一)发挥龙头引领作用,树立金融科技新标杆

蚂蚁集团作为西湖蚂蚁小镇发展的重要推动力量,我们将发挥蚂蚁集团在金融科技产业的"链主"功能,以蚂蚁链创新中心为载体,发挥中心运营公司在国内蚂蚁产业生态体系中的资源集聚优势,导入更多的蚂蚁区块链技术研发应用项目和元宇宙上下游业态,树立小镇产业发展新标杆,推动小镇金融科技再上新台阶。同时,深入挖掘高校资源,依托东端浙江大学和西端浙江工业大学的科技创新作用,打造小镇产业与高校经济的共建平台。

(二)融入科创大平台,推进小镇产业发展再上新台阶

积极主动融入城西科创大走廊发展。一是优化小镇创新创业生态,聚合高校、科研机构、企业科创资源,加快发展"孵化器＋产业园＋总部园"多层面、立体式产业创新创业发展模式。二是依托大走廊的科技创新能力及其重大产业扶持政策,全力引进重大产业项目,结合西溪谷的人才优势、科技创新优势,吸引一批区外优质企业与高校院所建设联合实验室或研发中心,提升自主创新能力,落地更多科技创新成果,以新科技赋能新金融,实现金融科技高质量发展,推进小镇产业发展再上新台阶。

（三）推进未来园区建设，实现小镇服务新模式

以科学性谋划及数字化手段，营造宜居、宜业、宜游的营商环境，提高小镇服务水平。加强小镇内的交通智慧化水平，重点布局小镇未来园区落地，聚焦产业特色和智慧楼宇管理，将区块链技术运用到示范园区的管理及企业服务中，适时推出小镇园区数字人，形成一套可观可感的未来园区方案。同时加大小镇产业特色宣传力度，不断擦亮西湖蚂蚁小镇金名片。

2022 年运河财富小镇建设发展报告

杭州市运河财富小镇管委会

2022 年,运河财富小镇全力打造国际大型财富管理机构集聚高地,建设外资金融机构集聚中心、新赛道产业基金中心、高端金融法律服务示范中心三大核心平台,重点发展普惠金融服务、产业投融资服务、金融法律服务三大业态,实现资本产业可持续循环发展。

一、2022 年小镇建设情况

(一)总体情况

2022 年全年运河财富小镇实现固定资产投资 3.54 亿元,特色产业投资占比 100%;总产出 154.76 亿元,其中特色产业产出 139.64 亿元,占比 90.23%。全年税收收入 8.53 亿元,其中特色产业税收 1.93 亿元(不包含 44 家持牌机构数据)。《钱塘江金融港湾发展实施计划(2021—2025 年)》和《杭州市金融业发展"十四五"规划》已将运河财富小镇列为省、市金融产业空间布局中的重要板块。新拱墅区成立后,确定打造"一区、一镇、多点"金融产业发展新格局,将小镇作为全区实施商贸金融强基行动的核心平台。

(二)招商引资情况

截至 2022 年底,运河财富小镇全年新引进金融企业 11 家,新加坡大华银行省级总部等陆续进驻小镇,在册金融企业共计 356 家。截至 2022 年底,小镇全年新引进各类中介服务机构 117 家,其中全国知名律所北京金杜律师事务所等律所 7 家,全省领先的浙江金杜智源知识产权代理有限公司等代理机构 2 家,财务类事务所 1 家,其他类中介服务机构 107 家,在册中介服务机构共计 410 家。为加快小镇金融产业和高端金融中介服务业集聚发展,正式印发《运河财富小镇加快金融产业和中介服务业集聚发展的政策意见》。

(三)筹备省级特色小镇命名验收工作

自 2022 年起,小镇管委会在区委、区政府全力支持下,筹备省级特色小镇命名验收,主要从三个方面开展工作。一是坚持存量集聚、增量招引两手抓,加快特色产业集聚。二是推进小镇数字化建设,推进全省首个面向全金融产业链生态场景的特色金融小镇一体化运营管理业务系统平台建设,形成金融全产业链的数字治理路径。三是按照省级特色小镇形态更美的整体要求,完成小镇整体功能和形象提升。

(四)贯彻金融服务实体经济

截至 2022 年底,运河财富小镇内私募基金管理人管理基金规模达 600 亿元,私募股权、创业投资基金投资企业金额达 160 亿元。银行业金融机构服务实体经济企业 3549 家。

小镇充分发挥金融产业在浙江省推进共同富裕示范区建设进程中畅通经济良性循环的优势,特别是加大对省内山区 26 县投资力度。截至 2022 年底,山区 26 县均有运河财富小镇辖内金融机构的投资或服务项目,共计 16 个,所投行业包含医药、工业、汽车配件、涉农等产业;按地区和项目数划分,淳安县 1 个、江山市 1 个、龙游县 1 个、景宁畲族自治县 1 个、平阳县 1 个、莲都区 1 个,26 县涉农项目 10 个。

二、2023 年小镇建设重点工作

2023 年,运河财富小镇将全面落实《浙江省人民政府办公厅关于持续推进特色小镇高质量发展的指导意见》《钱塘江金融港湾发展实施计划(2021—2025 年)》《杭州市金融业发展"十四五"规划》工作要求,全力冲刺完成 2023 年省级金融小镇命名验收工作。围绕上述工作目标,主要做好以下四方面工作。

(一)全面精细谋划,全力冲刺命名

一是加大产业集聚力度,提升核心数据和特色产业占比,强化集聚效应和产业规模,提升核心竞争力。二是推进小镇客厅功能提升,改造提升小镇客厅功能布局,完善客厅综合服务功能。三是建设小镇大脑,根据省委、省政府对特色小镇数字化改革要求,推进小镇数字化改革,以服务全区实体经济转型升级为目标,建设小镇数字大脑,创建特色服务平台,率先完成在全省建成金融小镇大脑的目标。四是完成小镇视觉识别(VI)视觉系统提升设计改造,设立和增加小镇门户主体标识和区域内标识标牌,提升区域辨识度,加大宣传力度,全面提升小镇形象。

(二)明确金融特色方向,集聚发展动能

小镇积极围绕省市区金融产业重点发展规划,全力推进国际大型财富管理机构集聚高地建设,助力杭州创建全国资产财富管理中心。一是持续开展国内外金融持牌机构招商,重点招引外资银行、外资证券、外资保险、国际咨询机构等机构区域总部。二是积极招引公募基金以及亿元级私募基金、政府产业引导基金、科技金融机构。三是加快发展消费金融板块,建设消费金融中心。四是积极发展高端金融服务业,招引国内外律所、会计师事务所、税务师事务所、知识产权机构、国际咨询公司等各类金融服务机构,特别是推进小镇内省级法律服务集聚区建设。

小镇 2023 年全年计划引进高端金融企业 10 家,力争招引 15 家,累计集聚金融机构 430 家,管理基金规模超过 1000 亿元。计划招引与金融业密切相关的中介服务业 60 家,力争招引 100 家,累计集聚中介服务机构 560 家。全年实现金融业及与金融业密切相关的中介服务业经济贡献度增长 20%。

(三)坚持金融活水灌溉,落实金融服务

积极参与省地方金融监管局牵头的"金融特色小镇浙江行"主题活动,

充分协同联动小镇金融财富联盟平台、镇外在杭外资金融机构,继续高标准举办各类活动,辐射省、市、区三级,提升小镇知名度和美誉度。继续加大小镇对省内山区 26 县投资力度,目标新增投资或服务项目 10 个。

(四)坚持安全第一,严防金融风险发生

一是在区金融办的指导下,严格执行金融类企业联审工作要求,加强私募机构新进审查,严防金融风险输入。二是加强对属地金融企业的定期走访,及时了解企业经营情况。三是联合镇内持牌金融机构、律所,开展金融风险教育活动。

机　构　篇

2022 年浙商银行运行报告

浙商银行股份有限公司

浙商银行股份有限公司是总部在杭的 12 家全国性股份制商业银行之一，近年来以"一流的商业银行"愿景为统领，以数字化改革系统开启、深耕发展全面推进、五大板块协同发展、财富管理全新起航为四大战略重点，以夯实客户基础为第一工程，以人才队伍提升为第一方略，以文化价值观为第一准则，围绕 12 字经营方针，全力以赴打好打赢四大战役，垒好经济周期弱敏感资产压舱石，发扬"四干"精神，构建"五字"生态，全面开启高质量发展新征程。

截至 2022 年末，浙商银行在全国 22 个省（自治区、直辖市）及香港特别行政区设立了 310 家分支机构，实现了对长三角、环渤海、珠三角及海西地区和部分中西部地区的有效覆盖。在英国《银行家》（*The Banker*）杂志"2022 年全球银行 1000 强"榜单中，按一级资本计位列 79 位，较上年跃升 20 位。中诚信国际给予浙商银行金融机构评级中最高等级 AAA 主体信用评级。

一、运行情况

一是业务规模稳健增长。截至 2022 年末，浙商银行总资产 2.62 万亿元，比上年末增长 14.66%，其中发放贷款和垫款总额 1.53 万亿元，比上年末增长 13.20%；总负债 2.46 万亿元，比上年末增长 15.86%，其中吸收存款余额 1.68 万亿元，比上年末增长 18.77%。2022 年浙商银行各项贷款增速列全国性股份行第一，各项存款增速列全国性股份行第二。

二是经营效益趋势向好。2022 年，浙商银行实现营业收入 610.85 亿元,比上年增加 66.14 亿元,增长 12.14％,营业收入增速连续 6 个季度稳居全国性股份行第一。其中,利息净收入 470.62 亿元,同比增长 12.18％;非利息净收入 140.23 亿元,同比增长 12.01％。归属于本行股东的净利润 136.18 亿元,同比增长 7.67％。

三是资产质量保持稳定。截至 2022 年末,浙商银行不良贷款率 1.47％,比上年末下降 0.06 个百分点;拨备覆盖率 182.19％,同比上升 7.58 个百分点。不良贷款率五年来首次下降,新增业务不良生成率持续下降,资产质量呈现趋势性向好的重大变化。

二、核心竞争力

一是得天独厚的区位优势。浙商银行总部位于经济基础雄厚、体制机制优势明显、法治和监管环境健全、产业聚集优势突出、城镇体系完整的浙江省,经营战略与浙江资源禀赋、发展大局相契合。2022 年浙商银行全面实施"深耕浙江"三年行动,"浙江、浙商、浙江人的银行"辨识度、美誉度不断提升。

二是不断完善的业务体系。浙商银行着力推进大零售、大公司、大投行、大资管、大跨境五大业务板块齐头并进、协同发展,实现多元化经营、全球化布局、综合化服务、高质量发展,特别是在供应链金融、小微业务、智能制造、科创金融、人才银行等领域的专业服务能力,获得市场和客户高度认可。

三是优势突出的金融科技。浙商银行系统开启数字化改革,构建"185N"改革体系构架,推出"微海"数字化品牌,领先探索各项前沿技术与银行业务的深度融合,打造一批有浙银辨识度和行业竞争力的数字化重大应用。

四是重塑焕新的企业文化。浙商银行秉承"见行、见心、见未来"的企业精神,以"一流的正向正行的社会影响力、一流的专业专注的行业竞争力、一流的共进共荣的企业凝聚力"为目标愿景,"服务文化、合规文化、争优文化、和谐文化"为基本文化内涵,《浙银公约》为文化共识,实施文化塑形、文化植根、文化滋养、文化传扬四大工程,形成本行企业文化体系"四梁八柱"。

2022 年杭州银行运行报告

杭州银行股份有限公司

杭州银行成立于 1996 年 9 月,是一家总部位于杭州的城市商业银行。近年来,该行坚持做精杭州、深耕浙江,同时积极拓展长三角区域及国内一线城市业务,搭建了覆盖北京、上海、深圳、南京、合肥等重点城市在内的区域经营布局。自成立以来,该行始终坚持服务区域经济、中小企业和城乡居民的市场定位,致力于为客户提供专业、便捷、亲和及全面的金融服务。

2022 年,面对经济发展多重压力,全行紧紧围绕国家宏观经济政策和各级政府决策部署,坚定按照行党委、董事会确定的目标、方向和要求,以"二二五五"战略为引领,坚持客户导向,深化数智赋能,实现了效益持续增长、质量保持领先、客户服务效能不断提高的良好发展态势。

一、业务转型纵深推进,规模效益较快增长

杭州银行忠实践行金融服务有效支持实体经济,深度融入区域经济发展大局,全力服务实体经济、持续助力共同富裕建设。截至 2022 年末,全行资产总额 16165.38 亿元,较上年末增长 16.25%;贷款总额 7022.03 亿元,较上年末增长 19.31%;贷款总额占资产总额比例 43.44%,较上年末提高 1.11 个百分点;负债总额 15179.65 亿元,较上年末增长 16.72%;存款总额 9280.84 亿元,较上年末增长 14.49%。2022 年末,集团存续理财产品规模 3599.02 亿元,较上年末增长 17.34%。

二、风控合规稳健有效,资产质量保持领先

杭州银行坚持"质量立行、从严治行"理念,坚守风险合规底线,合理把

控发展与风险管理的平衡。截至 2022 年末,不良贷款总额 54.20 亿元;不良贷款率 0.77%,较 2021 年末下降 0.09 个百分点;逾期贷款与不良贷款比例、逾期 90 天以上贷款与不良贷款比例分别为 76.25% 和 57.78%;2022 年末,拨备覆盖率 565.10%。

三、数智杭银稳步推进,智慧运营赋能一线

杭州银行围绕"十四五"信息科技规划,稳步推进"数智杭银"建设;继续升级智慧运营,不断深化智慧网点建设,拓展数智化渠道建设。2022 年,全行有序推进重点项目建设,持续提升数据治理水平,进一步加大人力投入,强化专业队伍建设;以客户体验为核心进行运营流程改造,提升厅堂服务效率和客户体验;持续推进集约化运营,扩大运营、信贷集中运营作业内容,提升作业效率和风险防控能力。

四、服务实体展现担当,绿色金融创新发展

杭州银行切实落实金融支持稳经济大盘政策,发布《杭州银行金融支持经济稳进提质行动计划》,提出支持经济稳进提质 6 个方面 15 条措施,加大对实体经济的金融支持力度。截至 2022 年末,全行制造业贷款余额 611.62 亿元,增幅 29.21%;普惠型小微贷款余额 1122.53 亿元,增幅 22.40%;累计服务专精特新企业 1862 户;绿色贷款余额 540.03 亿元,增幅 28.78%。

2022 年财通证券运行报告

财通证券股份有限公司

财通证券股份有限公司（以下简称财通证券或公司）是一家总部在杭州的富有特色的综合性证券控股集团，前身为创立于 1993 年的浙江财政证券公司，2017 年 10 月在上海证券交易所挂牌上市，为浙江唯一省属券商。

一、总体经营情况

2022 年，公司按照省委、省政府对财通新时期发展提出的目标要求和打造一流现代投资银行的新定位，谋划形成"137N"创新发展战略体系，确立"服务大局、争创一流、除险保安"三大总目标，着力打造"投行＋投资＋财富"三驾马车并驾齐驱的新财通。公司全年实现营业收入 48.27 亿元，归母净利润 15.17 亿元。截至 2022 年底，公司总资产 1256.92 亿元，净资产 329.51 亿元；在全国设有 165 家分支机构，旗下有永安期货、财通资管、财通基金、财通资本、财通创新、财通香港等 6 家子公司和重要参股公司。

二、业务发展特色

(一)胸怀大局强担当，着力践行"金为实服务"初心

公司把服务大局作为第一主责，主动融入党委和政府的中心工作，连续 5 年获在浙金融机构支持浙江经济社会发展一等奖。开展"千人进千企融千亿"助企攻坚专项行动，助力企业实现融资超 1200 亿元。打造"浙里易投"直接融资生态系统，获评"2022 浙江省国资国企数字化改革优秀应

用"。深化与 20 余个地方政府和重点产业企业的战略合作,以"一本账"推动合作落地见效。谋划实施财通特色的"3510"助力共富模式,在青田、衢州等地打造山区共富样板,推出普惠性共富产品,千余场投教活动走进企业、学校和乡村,入选浙江国资国企服务共同富裕最佳实践名单。

(二)对标一流创特色,着力锻造业务核心优势

公司坚持以客户为中心,对标行业一流提升主业竞争力。投行板块突出科创特色,创新构建投行指挥系统——战略投行总部,迭代升级企业全生命周期陪伴服务模式,股债市占率均创历史新高,IPO 实现 10 单过会,过会率 100%,IPO 过会总数以及创业板、北交所 IPO 过会数均列浙江第一。债券承销规模逆势增长,排名提升至行业第十七位。投资板块突出协同特色,受托管理地方政府产业基金规模超过 400 亿元,投资的广立微、国能日新、德科立等项目成功上市。财富板块突出综合特色,大力推动分公司综合化改革和业务机构化转型,财富业务市场排名上升。参控股公司发展优势凸显,期货、资管、基金定增和另类投资等特色业务走在行业前列。

(三)集团作战重协同,着力夯实长远发展基础

公司强化"一个财通"意识,构建财通集团军作战模式,实施数字化改革"1+3+N"协同创新体系,基本建成大监督"一张网"体系,推动前台更活、中台更强、后台更稳。成功配股募集资金 71.7 亿元,行业首批获得上市证券做市交易业务资格,连续 8 年在证监会分类评级中实现 A 类 A 级,为打造一流现代投资银行打下坚实基础。

2022 年永安期货运行报告

永安期货股份有限公司

永安期货股份有限公司(以下简称永安期货或公司)创办于 1992 年,2021 年在 A 股主板上市,是一家总部设在杭州的国有控股专业期货公司,全国设有 44 家分支机构。公司以"大宗商品投行、大类资产配置专家、产融资源整合者"为战略目标,致力打造行业领先、独具特色的衍生品投行。

一、2022 年度业务运行概况

2022 年,面对艰难的市场环境,公司加快板块调整和生态修复,探索效益增长新路径。公司全年实现营业收入 347.75 亿元,归属于母公司股东的净利润 6.72 亿元,加权平均净资产收益率 5.71%,2022 年末净资产和净资本分别达到 119.52 亿元和 39.05 亿元。具体业务有以下方面。

一是期货经纪业务提升权益规模。公司积极发挥专业特色,为客户提供个性化服务,提升客户体验。公司全年境内期货代理交易成交手数 2 亿手,成交金额 16.1 万亿元。年末客户权益为 455.48 亿元,全年日均权益保持快速增长。

二是基金销售业务强化生态建设。公司聚焦财富管理生态建设,提升服务能力,全年基金销售规模达 28.16 亿元,基金销售业务收入 1.13 亿元。同时,公司高度重视优质私募基金管理人的开发培育,持续深化"鲲鹏私募成长计划",已与 64 家基金管理人建立合作关系。

三是资产管理业务丰富产品体系。公司持续打造以主动管理期货及衍生品系列产品为核心的多元产品体系。目前已打造"永盈系列"等主动管理产品、"CTA 联盟"等基金中基金(FOF)系列产品以及债券资管产品。

截至 2022 年末,公司资管产品规模 31.05 亿元,资管业务分部全年收入 2518.34 万元。

四是风险管理业务优化业务布局。2022 年,公司基差贸易业务签订期现贸易合同 3 万余份,贸易规模超过 900 万吨。场外衍生品业务顶住压力保持增长,全年累计新增名义本金 1300 余亿元,存续规模超过 210 亿元,同比增长 18%。做市业务持续拓宽,新增甲醇、豆粕等 2 个期货做市资格和中证 500ETF、工业硅、螺纹钢等 3 个期权做市资格,合计覆盖 32 个做市品种。

五是境外金融服务业务稳中有进。2022 年,紧抓美元加息机遇,做大业务规模,期货经纪业务全年累计成交 534.04 万手期货期权合约,年末客户权益为 4.84 亿美元,同比增长 30.5%;证券业务全年累计成交金额 57.90 亿港元;境外财富管理业务日益成熟,全年代销基金产品 15 个,基金销售额 8881 万美元。

六是战略投资与合作实现稳健起步。成立战略投资总部,将战略投资板块作为战略布局的重要支撑和核心枢纽。携手大产业、大集团、大资金打造产融资源整合平台,深化与多家金融机构的战略合作,实现总对总、分对分、境外对境外的全条线战略协同。

二、履行社会责任情况

2022 年,公司积极展现金融国企担当,服务实体经济,构建包含"期货＋现货""期货＋工程配送""期货＋仓储物流"等业务模式的"期货＋"服务体系,以稳价稳链稳供为导向,为产业链供应链上下游企业提供"产购销"一体化风险管理服务,累计服务实体企业约 1.3 万家。以"保险＋期货"为重要抓手,打造期货助力浙江共同富裕示范区建设的创新样板。

2022年浙商保险运行报告

浙商财产保险股份有限公司

浙商财产保险股份有限公司(以下简称浙商保险)成立于2009年6月25日,注册资本50亿元,是国内唯一一家总部设于浙江的全国性、综合性财产保险公司。浙商保险致力于专业风险保障服务,推动公司稳健发展。

截至2022年底,浙商保险在全国设立15家二级机构,各级分支机构共253家,机构网点遍布中东部经济发达地区以及西部经济活跃地区。2009—2022年累计实现保费收入约400亿元,提供风险保障逾26.6万亿元。2022年全年,浙商保险实现原保费收入31.6亿元,赔款支出20亿元,为社会提供风险保障4.3万亿元。

一、聚力交通保险,构建品牌特色

浙商保险发挥浙江交通集团产融协同优势,打造"交通领域风险管理专家",积极为省内外重大交通项目提供专业风险保障,为省内80%的高速公路运营提供财产保险保障,累计风险保障超万亿元。推广农村公路保险,为省内15个县区提供农村公路风险保障200余亿元,运用保险机制优化农村公路养护资源配置,提升管养水平。"保险+数字+高速"高速路产直赔模式为公众提供"救援舒心、埋赔省心、维修安心"的一站式服务,大幅提高高速路产理赔效率,并辐射长三角地区,入选2022年浙江省数字化改革最佳应用。

二、践行"双碳"目标,发展绿色保险

浙商保险在湖州升级设立"浙商保险长三角绿色保险研究院",围绕开

发推广绿色保险产品、构建绿色保险研发体系、建设绿色保险"产学研"基地等方面开展工作,先后落地了"绿色建筑性能保险""零碳车险""电梯安全责任生命周期保险""环境污染责任创新保险"等项目。创新产品服务,在企财险费率核定中增加碳减排因子,将"减碳"与"普惠"紧密挂钩,引导传统企业转型升级。

三、坚持保障本源,服务实体经济

2022 年,浙商保险稳步发展非融资性保证保险帮助市场主体降本。在温州、丽水地区重点推广投标保证保险、农民工工资履约保险,全年通过保证保险助力省内市场主体释放超十亿元资金占用空间。结合浙江块状经济特点,研发特色产品支持中小微企业发展,为海宁经编业、金华五金业、诸暨袜业等特色中小微生产企业开发定制化的保险产品,提供风险保障400 余亿元,定期为在保小微企业提供防灾防损检查,开展风险减量服务。

四、深化数智赋能,助力风险减量

浙商保险以数字化改革为牵引,加紧建设数字化应用,不断增强保险服务智能化和普惠性。引入卫星遥感技术对高速公路边坡风险进行监测,推进客户风险减量管理。上线路面智能巡检系统,发现路面病害逾 4000 处,助力客户精准投放养护力量。自主研发台风预警系统,建立台风风险损失预测模型,有的放矢地开展灾前风控工作,有效帮助客户防灾减损。与第三方科技公司合作,将智能风险产品应用于制造企业安全生产管理,提供实时风险记录和减量风险管理。

2022 年杭州市金融投资集团运行报告

杭州市金融投资集团有限公司

杭州市金融投资集团（以下简称集团）成立于 2012 年 2 月，在杭州市投资控股有限公司和杭州市财开投资集团基础上组建而成。成立以来，集团围绕"汇聚金融力量，助推转型升级"的使命和"市场化、综合化、国际化、财团型企业"的发展目标，坚持党的全面领导，坚持产融结合大方向，坚持稳中求进总基调，牢牢把握抓发展和防风险的平衡、政府性服务和市场化经营的平衡、当前绩效和长远发展的平衡，各项工作取得积极成效。

一、主要指标平稳增长

2022 年，集团以投资业务为核心，协同发展产业、金融、数字板块，主要财务指标继续保持稳中有进、稳中有增。实现营业收入 359.46 亿元，同比增长 17.50%；利润总额 27.93 亿元，净利润 21.42 亿元；期末资产总额 932.32 亿元；维持中诚信国内 AAA、惠誉国际 BBB＋评级，展望稳定。

二、重点业务有序发展

战略投资嘉利股份、宜和新材等实体企业，小苗股权投资布局半导体、生物医疗、智能制造等多个领域；聚焦数据中心产业，组建数产中心新平台，成功竞拍西湖云谷工业地块。综合运用信托、租赁、保理、资产交易、第三方支付等金融工具，推动金融板块业务发展，期末信托规模 542.5 亿元、资管规模 401.9 亿元、租赁规模 83.3 亿元、担保规模 57.6 亿元、年资产交易额 145.1 亿元、转贷金额 26.6 亿元。成功举办首届数贸会分论坛，出资 18.5 亿元参股重庆蚂蚁消金、持股 10% 成为其第二大股东，成功续展支付牌照。

三、塑造服务大局金投品牌

主动融入凤凰行动计划、新制造业计划、数字经济第一城等发展战略，搭建杭州投资并购基金架构，持续推动招商引资、投杭落地。支持政府重大产业项目投资，纾困基金累计出资 150.7 亿元，帮扶企业 20 家；母基金累计出资 45.3 亿元，投杭项目 125 个；PE 基金、"小苗计划"投杭项目 74 个。做好政府数字化改革重点专项工作，配合做好新开通地铁线路联调保障，参与地方金融风险监测分析平台一期、"亲清在线"三期项目建设，完善互联网诊疗、智慧医保平台，承建浙里办"健康杭州"板块，建成"不动产智治"，实现交房云办证、二手房过户全流程线上办理，并多地市推广；"钱江分"新增场景 10 个，累计开通 491.7 万人；杭州 e 融累计注册企业 22.6 万家，撮合融资 2826.5 亿元。

四、凸显党建统领核心地位

推动党的二十大精神深学细悟，在集团范围内开展"三转三增三争先"专题活动。以"党建数智化"为引领，开展党建铸魂"10＋1"品牌提升，建立"书记领办项目"，创建党员示范岗、示范区、突击队、服务队，派出抗疫志愿者 2000 余人次。设立"共富之约"共建基金，与结对乡镇、村落开展"党建引领、助跑共富"帮扶服务。深化"清廉金投"体系建设，深化"四责协同"机制，建立清廉金投建设"5＋N＋1"评价指标体系，完善企业、部门、岗位三项权责风险清单，开展新型亲清政商关系专项治理。

2022 年浙江省股权交易中心运行报告

浙江省股权交易中心

浙江省股权交易中心(以下简称浙股交)是经中国证监会备案、浙江省人民政府批准的浙江省(不含宁波市)唯一合法的区域性股权市场运营机构。近年来,浙股交积极响应省委、省政府争创社会主义现代化先行省、高质量发展建设共同富裕示范区的号召,服务实体经济、赋能中小微企业成长。2022 年,实现新增挂牌展示企业 499 家,新增可转债融资 40.48 亿元,助力 4 家企业在沪深港交易所上市,22 家企业转新三板挂牌。截至 2022年末,累计助力 20 家企业在沪深港交易所上市,124 家企业转新三板挂牌。

一、依托"一县一平台"服务基地,构建省市县三级企业规范培育体系

浙股交在"一县一平台"服务体系基础上,确立杭州、嘉兴、衢州、台州为首批试点设区市,德清、海宁等 10 个地区为首批试点县(市、区),各地均制定了完善的创新试点实施方案,为构建省市县三级规范培育体系保驾护航。省级层面,推动省政府与北交所(全国股转公司)建立战略合作关系,浙股交与北交所共建浙江服务基地。深化与上交所合作,打造科创人才板2.0 升级版,深化科创助力板建设。市级层面,在设区市试点"特色板块＋服务体系＋培育基金＋数智股交"服务模式,成立浙股交衢州服务中心、长三角(嘉兴)科创金融服务中心等当地专属服务团队,建设"衢州智造板""金南翼科技创新板"等市级企业培育库。县级层面,依托已建成的子公司、工作站,为县域企业提供优质的资本市场普惠服务。

二、创新融资产品与服务，畅通中小微企业融资渠道

一是积极创新"可转债＋担保"产品模式，通过建立三方分保机制，推动"省融资担保＋地方担保＋浙股交"三方合作模式落地。与省内 15 家地方政策性担保公司试点合作，配套直接融资增信服务，共为 41 家科创小微企业发行"可转债＋担保"产品，实现融资 1.06 亿元，并坚持免收备案、登记托管费用，平均融资成本控制在 4.5％。二是积极争取股权投资和创业投资份额转让试点，探索股权激励与认股权等创新业务，大力拓宽中小微企业融资渠道。

三、以"服务企业成长"为导向，全力打造数智股交

一是打造助力高效融资与便捷上市的"浙里培育"应用。通过汇集政务、公开市场、自身服务等多维度数据，形成企业成长数据库，并利用数字技术开发具有科创属性评价、融资能力评估、成长性分析、风险预警等核心功能的应用场景。"浙里培育"应用 1.0 已在嘉兴、长兴、拱墅区落地，形成数字化技术助力地方政府管理与服务辖区企业的有力抓手。二是与新三板系统的互联互通迈出第一步。依据双方商议的系统对接方案，完成系统一期接通，实现专精特新专板企业培育库、专板企业转新三板基础层的"绿捷通"预审核系统等各项功能，为双方系统、数据进一步互联互通奠定坚实基础。

2022年全球数字金融中心（杭州）运行报告

全球数字金融中心（杭州）

全球数字金融中心（杭州）（以下简称中心）由中国互联网金融协会和世界银行共同支持建设，作为选址中国、面向国际的数字金融"产、学、研"一体化综合性机构，中心以"增进行业共识，构建产业生态，推动数字金融安全规范发展"为宗旨，以"数字金融良好实践、标准、经验的传播运用"和"数字金融技术、产品、服务的研发供给"为依托，促进数字金融发展提质增效。2022年，中心夯实基础，守正创新，统筹推进各项工作，致力于推动杭州市数字金融发展及国际综合影响力提升，在传递数字金融杭州经验、浙江样板、中国模式方面作出了积极贡献。

一、加强国际合作，研制数据治理实践指南

与世界银行集团国际金融公司（以下简称IFC）达成合作，IFC运用自身金融资源、技术专长及全球经验，协调国际专家，为改善数字金融领域的数据治理问题提供技术支持。在IFC的支持帮助下，中心结合以杭州等城市为代表的国内数据治理实践案例，研制兼具中国实践特色和国际影响力的《数字金融从业机构个人数据治理良好实践指南（1.0版）》。

二、汇聚专业资源，打造多层次、高质量品牌活动

一是举办第二届"数字金融领域社会服务创新成果展"，来自国际组织以及国内具有影响力的银行、科技企业等13家机构入选展示，充分展示数字金融创新融合的新成就。二是陆续推出系列公益讲座四期，邀请来自IFC、Credify公司的专家学者就供应链金融、数字货币、嵌入式金融等热点

话题进行分享,充分发挥中心数字金融领域知识共享与能力建设平台的作用。三是组织并参与国内外高质量数字金融领域活动。联合 APEC 工商咨询理事会(ABAC)/亚太金融论坛(APFF)、IFC 等机构举办多场研讨会及座谈会,协办 2022 世界人工智能大会"智慧金融与数字员工分论坛",联合承办上海论坛 2022"提升金融机构个人数据治理,促进数字金融良性发展"高端圆桌活动,强化中心品牌效应,为推动数字金融行业良性发展贡献积极力量。四是开展第三期课题研究征集活动,面向从业机构、高等院校、科研机构等征集数字化转型与城市发展、反洗钱与反恐怖融资实务等相关研究课题。坚持"精益求精、宁缺毋滥"原则,筛选出兼具创新性、前沿性和实践性的优秀课题,为数字金融发展提供有效理论支持。

三、发挥研发优势,自主研发监管科技产品落地见效

完成线上风险智能搜索监测系统、线上风险智能分析监测系统研发建设,系统可对多种类型的非法金融活动网站进行智能搜索和监测分析,有效提升监测效率,显著降低人工参与度。建成投产非法金融 App 监测工具,系统可按照预设参数,从指定主流应用商城中自动锁定涉及非法金融活动的 App,同时获取相关信息。自主研发金融广告监测工具,系统可根据预设网站及公众号名单,定向跟踪预警含有涉嫌违法违规金融广告的网页内容和公众号文章。四项监管科技产品均已取得国家计算机软件著作权证书并陆续建成投产,为金融监管部门及行业自律组织监测和处置提供有效支持。

2022 年连连数字运行报告

连连数字科技股份有限公司

连连数字科技股份有限公司(以下简称连连数字)成立于 2009 年,是国内领先、全球多地持牌的支付网络科技公司,旗下业务涵盖全球化支付及服务、银行卡清算等有机融合的数字科技生态体系,服务对象横跨贸易、电商、零售、商旅、物流、教育、制造等行业。

一、聚焦行业及场景,助力企业数字化经营

随着全球产业链供应链面临重塑、新一轮科技革命的深入,数字化升级成为企业提升自身竞争力的关键路径,连连支付(连连数字国内业务生态)一直将产业数字化转型作为服务实体经济的重要抓手,聚焦金融、大健康、新零售等 20 多个行业及场景,打造"支付＋SaaS"服务的综合解决方案,整合业务中台、数据中台及风控中心,搭建多行业通用的开放服务平台,联合产业服务商提供支付、账户及相关创新增值服务。截至 2022 年末,连连支付累计服务交易规模突破 6.8 万亿元,产业支付综合服务能力位居行业第二位。

连连支付不断丰富数字化产品体系,打造集收款、付款、资金流转、营销、企业管理等于一体的数字化产品矩阵,上线连 e 宝(企业钱包)、一体化智能账户系统、连易收(智能支付系统)、连信通(服务信托系统)、智能风控、反洗钱系统等产品及服务,促进各产业数字化转型升级。同时,连连支付作为数字人民币受理服务机构,协助青岛国信等商户对接数字人民币互联互通平台,支持相关收款运营机构为商家提供数字人民币线上、线下收款能力,持续探索数字人民币在交通出行、零售及公共服务等多场景的应用。

二、一站式跨境服务解决方案,赋能中国企业品牌出海

作为出海生态的连接者,连连国际(连连数字国际业务生态)致力于为全球企业、机构与个人搭建数字化支付与服务协作网络,提供涵盖跨境支付、全球收单、资金分发、汇兑服务、一键开店及其他增值服务为一体的一站式跨境服务解决方案,助力中国品牌出海。截至 2022 年末,连连国际已在全球多地获得 60 余张支付牌照及相关资质,支持超 70 个跨境电商平台、160 多个站点的跨境收款功能,上线美国、欧洲、泰国等 9 个本地收款账户,累计服务超 170 万家跨境电商店铺。连连国际以 28.6% 的使用频率居跨境企业最常使用第三方收款工具排行榜首位。

连连国际持续探索新产品与新方案。与 Visa 和 Mastercard 直连,为独立站和出海 App 连接全球 100 多个国家和地区的数百种主流支付方式。携手兴业银行和美国运通推出跨境出海行业专属人民币借记卡,实现跨境人民币一卡收付款功能。推出“寻源”数智出海项目,为外贸产业链企业提供收付兑、知识产权、财税合规等多重服务,助力中小微跨境企业无忧展业。依托跨境全链路收付兑能力和境内外双边持牌资质,打造服务贸易行业解决方案,涉及国际物流、旅游、留学等行业,已为小米、浙江大学、亚马逊云科技等客户提供安全、高效的支付与全球账户管理解决方案,助推服务贸易企业高质量发展。

改革篇

2022年科创金融改革试验区建设报告

杭州市地方金融监管局

2022年11月,经国务院同意,人民银行等八部委联合印发《上海市、南京市、杭州市、合肥市、嘉兴市建设科创金融改革试验区总体方案》(以下简称《总体方案》),杭州正式获批建设科创金融改革试验区。

一、前期工作情况

为全面贯彻落实《总体方案》要求,杭州市围绕"建设国内现代科创金融体系的实践窗口和金融服务科技创新发展的示范基地"这一总体目标,积极做好有关工作。

(一)强化试验区建设顶层设计

一是起草杭州实施方案,健全机制。全面把握国家、省关于金融工作和科技创新的指示精神,按照《总体方案》要求,结合杭州实际,在省地方金融监管局及在杭国家金融监管部门的指导下,汇聚政府部门、金融机构、高校学者等社会各界智力,高起点起草《杭州市建设科创金融改革试验区建设方案》(以下简称《杭州方案》),围绕科创企业融资痛点堵点,形成"5个方面主要目标+13个具体量化目标+10大重点行动+28项具体举措"的科创金融改革总纲,统筹指导未来五年杭州市试验区建设工作,方案经市政府常务会议、市委财经委员会会议审议通过,并由市政府上报至省政府获批。

二是谋划系列专项行动,强基固本。牢牢把握服务实体经济这一立业之本,谋划金融强基行动,制定印发《杭州市银行保险业"同心共促"三年行动计划》《杭州市"凤舞九天"三年行动计划》《杭州市金融组织（机构）"引新育强"三年行动计划》和《杭州市绿色金融支持碳达峰碳中和行动计划》等系列专项行动计划,进一步夯实金融业高质量发展的强大支撑。

（二）聚力提升科创金融服务水平

一是推动科技贷款扩面增量。深入实施"融资畅通工程"升级版,开展"首贷户"拓展行动,指导金融机构用好用足科技创新再贷款和设备更新改造再贷款等央行专项货币政策,畅通金融机构与科技企业的银企对接机制,引导银行机构支持民营经济、制造业等重点领域,提升科创金融服务的便利度与覆盖面。截至 2022 年底,全市科创贷款余额 2732.94 亿元,同比增长 20.74%,加权平均利率 3.99%,同比下降 0.53 个百分点,科创贷款扩面降费取得显著成效。

二是充分利用多层次资本市场。深入实施"凤凰行动"升级版,制定出台《"凤凰行动"计划（2021—2025 年）政策兑现操作办法》,鼓励优质科创企业充分利用资本市场做大做强。2022 年,共兑现补助财政资金 1.57 亿元,累计新增上市公司 27 家,其中科创板上市 5 家,上市公司总数达 285 家,位居全国第四。以企业上市精准培育为导向,坚持完善以"知名投资机构加企业投资估值"为核心的重点拟上市企业发现机制,将专精特新企业、新三板创新层企业、区域性股权市场科创助力板挂牌企业等纳入市级重点拟上市企业认定范围,加大科创企业上市培育力度。推进区域性股权创新试点,在西湖区设立北交所省级培育基地,深化"科创人才板"建设,开通新三板浙江绿色通道,探索创投与私募基金份额报价转让平台建设。

三是创新科创金融产品服务。打造杭州金融综合服务平台,针对科创企业特点与融资需求,创新开设"知识产权""供应链""专精特新"等科创特色融资专区,引导银行机构加强科创金融产品服务创新。平台运行三年以来,先后荣获"新华信用"全国优秀案例、全国中小企业融资综合信用服务示范平台等荣誉。落实"便利开展动产和权利担保融资"营商环境创新试点改革,推动全市专利、商标担保登记信息在人民银行动产融资统一登记公示系统查询功能上线,助推全市知识产权质押融资业务快速增长。创新开展公募 REITs 工作,推动华夏和达高科 REITs 成功发行,募集资金 14.04 亿元,成为全国首单生物医药产业园 REITs。

(三)构建科创金融良好生态

一是集聚优质金融资源。依托钱塘江金融港湾主平台,聚焦打造杭州国际金融科技中心,立足引新育强,加快集聚各类高端金融资源,丰富金融服务业态,为试验区建设构筑坚实金融基础。截至 2022 年末,全市集聚各类省级以上持牌金融组织 536 家,已完成登记备案私募基金管理人 1448 家,资产管理规模超过 8138 亿元。根据 2022 年 12 月底公布的中国金融中心指数(CFCI),杭州金融综合竞争力位居全国第五。

二是完善政策支持体系。坚持把创新制胜作为重要工作导向,抢抓国家赋予杭州市建设科创金融改革试验区的重大战略,发挥金融改革要素资源相对集聚的特色优势,着力抓实政策研究制定。牵头制定《关于建设现代金融创新高地助力经济高质量发展的若干意见》,针对科创金融专营机构设立、扩大科创金融业务规模等方面提出专项政策,鼓励和引导金融机构围绕科技创新优化金融服务,加大科创金融改革试验区建设的政策支持力度。2022 年以来,杭州市还先后制定印发《关于推进全市融资担保行业持续健康发展实施意见》《落实省金融支持激发市场主体活力意见的若干措施》《关于抓好金融支持稳经济促发展工作的通知》等系列政策,金融服务实体经济政策保障体系不断完善。

二、下一步工作

下一步,杭州市将根据有关程序要求,积极推动《杭州方案》尽快获批出台,在人民银行总行动员会之后,及时举办杭州市科创金融改革试验区建设动员大会,擂响科创金融改革的奋进鼓点,举全市之力力争在试验区建设中起好步、开好局。同时,务求实效,狠抓《杭州方案》落地实施,聚力构建科技发展与金融创新良性互动、科技资源和金融资本高效对接的体制机制,做好畅通金融"活水"与激发创新活力两篇文章。

（一）着力构建科创金融标准体系

探索建立"行业＋指标"的科创企业界定标准，建立科创企业名录库、重点科技项目建设信息库，探索科创企业规范培育和服务标准。建立科创金融产品服务目录，鼓励金融机构创新科创金融产品服务。建立科创金融专营机构评价规范，认定培育一批有特色的科创金融专营机构，推动各类金融业态标准化、专业化、精准化支持科创企业发展。

（二）着力打造非公开市场第一城

深化区域性股权市场创新试点，通过数字化技术赋能构建与全国性证券交易市场建立互联互通机制。争取创业投资基金份额转让试点，探索发展"S 基金"，依法依规向创投企业或项目受让二手份额或股权。以数字化企业股权交易中心与创业投资基金份额转让平台为基础，推进非上市公司股权投融资公益性数字化服务平台建设。加快推进 QFLP 试点落地，引入境外资金支持杭州科技创新高质量发展，稳步探索合格境内有限合伙人（QDLP）试点，进一步满足境内投资者全球配置资产的需求。

（三）着力扩大科创金融业务规模

紧盯科创企业融资痛点堵点，全力推动科创金融业务扩面增量，提高科创企业满意度和获得感。聚焦科创信贷融资，完善金融机构支持杭州市经济社会发展评价体系，引导金融机构针对科创企业加快信贷产品的迭代创新。打造杭州科创基金集群，整合创投引导基金、天使引导基金等，壮大做实总规模 1000 亿元的杭州创新基金，升级打造总规模 1000 亿元的杭州科创基金。强化科创上市服务，深入实施升级版"凤凰行动"战略、抓好落实"凤舞九天"三年行动计划，加大力度培育支持优质科创企业登陆资本市场。

2022年区域性股权市场浙江创新试点发展报告

杭州市地方金融监管局

自2021年浙江省获得批复开展区域性股权市场创新试点，根据省里试点工作要求，杭州市地方金融监管局协调省、市、区三级联动，着力构建以区域性股权市场为服务主体、以广大中小微企业为服务对象、以三大交易所为主要牵引对标、以政府引导基金为抓手、以企业投融资服务平台为基石、以公共数据服务平台为引擎的区域性多层次资本市场服务体系。现将杭州市地方金融监管局推进区域性股权市场浙江创新试点工作情况总结如下。

一、试点推进工作情况

《浙江省人民政府办公厅关于印发区域性股权市场浙江创新试点实施方案的通知》下发后，杭州市地方金融监管局对照通知要求以及省工作专班关于区域性股权市场浙江创新试点工作清单和年度工作要点精神，深入开展调查研究，与业内机构深入交流座谈并经广泛征求市级部门、各区（县、市）政府、各相关金融和国资企业、省级监管部门意见后，吸收完善形成了《深入推进区域性股权市场浙江创新试点工作方案》报市政府以市府办名义发布实施。

《杭州方案》共提出了"打造区域性资本市场赋能企业高质量发展的窗口服务体系""完善金融要素畅通循环并精准服务的区域性资本市场功能体系""构建全面提升企业上市质效的结构化培育体系""建设以'数智股交＋数字金融'为目标的数字化股权交易中心"四方面九大项工作；分解、明确了19个部门牵头与配合工作，并提出了制定任务清单、成立市专班统筹推进抓好落实的工作计划。

二、试点进展成效

(一)区域性资本市场功能体系建设有新进展

一是推动创投股权与私募基金份额报价转让平台建设。一方面,在前期市场调研基础上,通过召开研讨会等方式,商议私募基金份额流转、估值定价等问题,积极研究筹备创投股权与私募基金份额转让试点基础工作;另一方面,协同省牵头部门赴京与证监会汇报衔接试点申请报批流程。截至 2022 年末,申请开展股权投资和创业投资份额转让试点方案已报送至省政府办公厅,争取证监会尽快同意开展试点。

二是建设北交所浙江基地,创设浙江"专精特新板"。杭州市地方金融监管局积极协调北交所浙江服务基地筹建事宜。经过前期反复酝酿、协商,推动西湖区人民政府完成与全国股转公司(北交所)以及浙股交签订《关于区域性股权市场创新试点基地暨北交所浙江基地合作共建协议》。截至 2022 年末,北交所浙江基地已经完成硬装工作和运行的各项硬件要求;与此同时,积极谋划"一基地一平台一园区一基金一条龙服务"的长效运作模式。全力配合筹建浙江"专精特新板"。目前,"专精特新板"建设方案已完成,拟待省政府同意后联合发文。

三是推进"科创人才板"建设。在余杭区打造升级版"科创人才板",通过建立余杭区"上市一点通"与浙股交"浙里培育"系统对接机制,逐步形成"线上+线下"上市服务体系。建立企业动态培育库,加强对科创人才、科创企业的培训辅导和专业指导。

四是依托"生物医药板",推动医药产业加速发展。通过构建政策引导、专业服务、基金助力等机制提升"生物医药板"服务能力,有效整合地方政策资源和组织力量,打造"一政策、一平台、一基金"服务品牌体系,提升板块效能,发挥"生物医药板"作为多层次资本市场塔基的作用,培育中小微生物医药企业规范快速成长,服务区域经济高质量发展。截至 2022 年末,浙江"生物医药板"有挂牌企业 113 家。

五是谋划探索"大道同行"投融资服务平台。为夯实区域性股权市场基石,由地方政府主导建设,以"有为政府＋有效市场"为新模式、以"创新创业＋直接融资＋数据服务"为核心的创新企业上市前全生命周期投融资服务平台,有效对接区域性股权市场,建立完善多层次资本市场体系。截至 2022 年底,已初步形成思路方案。

(二)区域性资本市场服务体系建设有新成效

一是开启新三板"绿色通道",推进浙股交与新三板系统的互联互通。经多次商议,已形成浙股交与新三板系统对接方案,并于 2022 年 12 月初完成系统一期接通,实现专精特新企业培育库、专板企业转新三板基础层的"绿捷通"预审核系统等各项功能。开启新三板"绿色通道",挂牌审核时间缩短了近一半;截至 2022 年底,浙股交已有 22 家(其中杭州 5 家)企业通过"绿色通道"成功挂牌。

二是与境内三大交易所深化战略合作。深化上交所杭州服务基地建设,并与北交所华东基地、浙江基地负责人建立了常态化沟通走访服务机制;组织举办"资本市场服务实体高质量发展,长三角资本市场服务基地走进杭州"活动,邀请科创企业、人才企业参加专精特新企业上市培育科创沙龙、"深交所对接会"、拟上市公司财税政策培训班等各类专题活动。深化上交所和省股权交易中心合作,通过上交所专家来杭州市挂职及各类资源赋能,加强企业上市推进工作。

三是推动区(县、市)设立上市培育工作站。支持浙股交先行先试,在余杭区未来科技城、钱塘区建立上市培育工作站,为辖区内科创企业提供规范培育、股债融资、交易转让及上市培育等一揽子服务。

(三)区域性资本市场政策支持体系建设有新举措

一是政策赋能促发展。发布《关于建设现代金融创新高地助力经济高质量发展的实施意见》,将区域性股权市场运营机构推动挂牌企业融资成效纳入财政奖励机制,对挂牌企业实现融资总额同比增长超过 5％的,按超过部分融资总额的 1％给予奖励。

二是支持拓宽企业融资渠道。支持区域性股权市场拓宽中小微企业直接融资渠道，将中小微企业通过创新型融资工具融资纳入杭州市"凤凰行动"计划政策激励事项，对中小微企业利用浙江省股权交易中心创新型融资工具完成融资的，按其融资规模的 2%给予一次性补助。

三是推动试点工作要素联动。为放大区域性股权市场创新试点的边际效应，杭州市地方金融监管局积极推动区域性股权市场创新试点与国家要素市场化配置综合改革试点协同联动，以通过争取综合改革试点赋能区域性股权市场创新试点实现全面突破和长效落地。

三、下一步工作计划

下一步，杭州市地方金融监管局拟按照省里统一部署，重点抓好以下工作。

一是根据《杭州市深入推进区域性股权市场浙江创新试点工作方案》，制定下发创新试点工作清单，并成立工作专班。

二是引导和鼓励市区两级后备企业、科创型中小企业、高新技术企业以及专精特新企业到区域性股权市场挂牌，逐步推进股改。

三是争取创投股权与基金份额转让试点运营并谋划平台建设，引导国有股权与基金份额通过该报价平台进行转让。

四是依托沪深北交易所在区域性股权市场建立的服务基地，支持开展拟上市企业常态化培育；利用区域性股权市场与新三板（北交所）的绿色通道，支持建设"专精特新板"。

五是以共同富裕为战略目标，支持区域性股权市场聚焦服务桐庐、建德和淳安企业，创建钱塘江上游企业专板；聚焦服务区域性资本资源中心，打造城西科创大走廊企业专板。

2022 年金融促富改革发展报告

杭州市地方金融监管局

杭州市地方金融监管局立足共同富裕示范区城市范例的战略定位,对标人民日益增长的美好生活需要,努力走好金融帮促特大城市缩小"三大差距"的新路子。

一、"政策集成＋机构集聚",引导金融资源下沉

发挥钱塘江港湾党建联盟作用,推进政策集成,实施金融帮促山区县跨越式发展"三年行动"计划,成立专项工作领导小组,健全季度统计监测、监管督导督办、成果总结宣传等三项机制。推进机构集聚,联动金融机构,组建推进经济高质量发展、收入分配、城乡区域、生态环境、公共服务等金融促富组,以组织资源下沉持续带动机构资源下沉。

二、"金融网络＋金融顾问",完善金融服务体系

完善服务网络,鼓励金融机构加快升级乡镇普惠金融便民服务点,实现普惠金融与物流、电商等"一站多能",支持农业保险一站式服务。实现乡镇普惠金融便民服务点村级全覆盖。选派金融顾问。组织市级金融顾问奔赴重点乡镇(街道),选派县级金融顾问奔赴重点村(社区),已选派 350 名金融顾问开展联乡驻村服务。

三、"重点服务＋农户建档",提高金融服务质效

抓实重点服务,联合浙股交、山区县政府,创建浙江省首个证券外市场

支持山区县发展的特色交易板块"共同富裕板",探索"产业扶持＋上市培育＋产业基金＋员工持股"等"四位一体"帮富体系。积极对接企业需求。组织银行机构划片包干,对所有企业和个体工商户开展实地走访,运用杭州金融综合服务平台,打造"共富信誉贷""三农贷"等助贷模块,累计为 30 多万农户授信超过 300 亿元。当前对新型农业经营主体建档评级和农户建档评级覆盖面近 100%。

四、"农业发展＋生态共建",优化金融发展环境

全力助农发展,支持金融机构为山区四县专列规模、专门通道和专设权限等机制。截至 2022 年末,普惠小微、涉农贷款分别新增 2160 亿元和 1347 亿元,同比增长 28.45% 和 17.70%。政府性融资担保机构的平均担保费率降至 0.79% 以下,小微和"三农"担保余额 166 亿元,较年初增长 54.1%。共建助农生态,率先在淳安县下姜村开展数字人民币重点应用场景建设,实现了 95% 以上村民开通数字人民币钱包。用好金融科技创新监管试点"亿亩田"项目,建立农户风险评估及管理体系,累计授信 1460 亿元,服务 21.6 万客户,放款 100 多亿元。

下一步,将持续开拓具有杭州特色"1 个成果、2 个赋能、4 个覆盖"金融促富路径。一是打造"1 个标志性成果"。建好帮促西部山区"共同富裕板",优化"四个一"服务模式。构建一个产业扶持体系,推动"一县一业"重点企业纳入"共富板"。成立一个上市培育基地,形成"一个动态培育企业库、一套服务体系、一个专家团队"发展机制。组建一个"共富"产业基金,由浙股交、上市公司、县域国资共同出资设立总规模超 4 亿元基金。探索一个员工持股模式,实施"山区县上市公司技术工人股权激励改革举措",推动产业和员工共享发展红利。二是推动"2 个主体赋能"。提升增信能力,运用金融科技,将经营、纳税、守法等行为及获得专利等情况转化为信贷动能,纾解农村小微企业缺信息、缺信用、缺抵押等融资痛点。健全风控机制,支持银行机构优化农作物数据跟踪溯源、活体抵押物实时监控机制,健全涉农信贷多维风控模型,打造农机具抵押贷款、农业供应链融资等融资产品。三是实现"4 项重点服务全覆盖"。推动政策性农业融资担保业务

全覆盖,构建市县一体化政府性融资担保机构体系,支持市融资担保集团担保和再担保业务向山区县倾斜。推动农户家庭资产负债表融资全覆盖,创建"强村富民发展共同体",推广"农户家庭资产负债表融资模式",提升农户综合授信额度和信用贷款比例。推动"一老一小"保险保障全覆盖,深化低收入农户补充医疗保险试点,提升"西湖益联保"服务,实现普惠性商业医疗补充保险全覆盖。推动移动支付服务全覆盖,打造"三农"领域数字人民币试点应用标杆,实现移动支付结算从服务农民生活向服务农业生产、农村生态全面延伸。

案　例　篇

形成政策合力，健全知识产权
金融服务体系

杭州市市场监督管理局

杭州市市场监管局（知识产权局）以"充分发挥知识产权融资杠杆作用，最大限度挖掘知识产权经济价值"为目标，全力打通知识产权金融服务全链条，有效实现知识产权质押融资提质扩面。

一、主要做法

（一）科学评价，构建融贷投评"一体化"模式，为知识产权质押融资奠定坚实基础

联合金融机构、运营服务机构创新主体构建知识产权融贷投评"一体化"模式，在金融服务降本扩容、控制融资担保风险等方面深入合作。通过数字赋能，建立专利分级评估体系，科学评价科技型中小企业创新实力。联合银保监部门，实现知识产权质押数据与金融机构信贷数据互融互通。建设杭州知识产权运营公共服务平台和杭州知识产权交易服务中心。重点解决价值评估难、数据不共享等难点问题，为知识产权质押融资奠定坚实基础。

（二）标准探路，出台全国首个数据知识产权质押团体标准，为数据资产实现价值转化提供先行经验

杭州以数据知识产权质押试点为契机，依托区块链公共存证平台，聚焦解决企业数据来源、权属价值、数据存证、质押流程等问题，确定数据存证流程规范，落地全国首单以区块链存证为基础的数据知识产权质押贷款

项目和全省首单知识产权证券化项目,助力科技型中小企业真正实现轻松融资。数据知识产权质押流程规范化,并形成团体标准,让数据资产转化得到市场认可,切实帮助中小微企业将数据知识产权成果转化为实打实的企业核心资产,为数据资产实现价值转化提供了先行经验。

(三)政策引导,率先设立知识产权质押融资风险补偿基金,为银企质押融资保驾护航

制定出台《杭州市专利权质押融资风险补偿基金管理办法》等多项配套政策。设立杭州市专利权质押融资风险补偿基金,用于补偿金融机构(担保机构)对中小微企业开展专利质押融资服务政策性担保时产生的风险损失,助力轻资产企业实现"轻松融资"。同时积极引入第三方专利评估机构,担保机构为经综合评估技术含量较高的企业"背书",切实提高银行对企业的贷款授信。

二、取得成效

(一)知识产权金融指标位居全国前列

2022 年,全市办理知识产权质押融资登记企业 1779 家,质押金额 300.66 亿元,同比增长 62.71%,普惠贷款惠及企业数居全省第一。

(二)助力企业纾困解难成效明显

杭州知识产权运营公共服务平台上额度 200 万元以下的小额贷款,从企业申请到贷款到账,不到 24 小时。专利权质押融资风险补偿基金成立以来,截至 2022 年底,纳入"风险补偿基金"项目 1061 个,累计担保金额 151.8 亿元,有效缓解企业融资难问题。

(三)知识产权经济价值充分显现

推动知识产权与金融资源的有效融合创新,助力形成贯穿企业知识产权价值实现全生命周期的"投资基金、质押融资、风险补偿、证券化、数据产权质押"等知识产权金融服务全链条。

构建"企诊卫士"系统　提升风险防控能力

西湖区商务局（金融办）

杭州市西湖区按照基层智治系统建设要求，从区域金融风险监测防控小切口入手，创新构建企业风险监测防控数字系统"企诊卫士"，通过"精密大脑＋扎实地网"有效联动，推进资源共享、协同监管，有效提升防非处非能力。

一、主要做法

（一）强化数字赋能，推动风险防范关口前移

一是汇集税务、人社、市监等 15 个政府部门的业务数据，融合来自"企查查""新浪舆情通"等信息平台的社会数据，涉及舆情、招聘、法诉等 41 个维度，截至 2022 年底，已实现 7700 余万条数据入库，实现数据能归尽归。二是开发"专家＋算法"双引擎风控模型，包含日常经营、企业资质、人企关联、合法合规、舆情事件等六大类 265 项标签体系和指标体系，实现企业风险值评估。三是通过数字化"大脑"穿透企业"外壳"，找到高管、股东、对外投资及关联企业等信息，运用智能匹配算法形成风险指数，为企业精准画像，进行分类预警。

（二）聚焦多跨协同，实现治理体系高效联动

一是对上承接省"天罗地网"平台下发的任务，对下开发"西湖地网"移动端，组建 77 个专属网格，配齐 955 名网格员，延伸直达各镇街、村社、楼宇，实现精准排摸、高效联动。二是围绕企业风险"监、测、防、控"四个维

度,分层梳理任务清单,形成 3 项一级任务、34 项二级任务和 79 项三级任务,通过政法、公安、金融、市场监管等多部门联动,建立跨部门、跨区域联动协同机制,实现违法线索互联、监管标准互通、处置结果互认。三是集成企业全息监测数据、预警企业数据、业务受理处置态势、各街道治理情况等多维度内外部数据,对金融风险企业实施全链闭环管控。

(三)坚持长效导向,促进监管服务质效并举

一是构建企业风险监控防控平台数字驾驶舱,从事件发起、分析研判、协同处置、监督评价等环节进行综合评估,建立企业全生命周期多维度信息的电子档案。二是开发融资租赁、担保、小贷等"7+4+N"地方金融组织非持牌经营监管模块,强化非现场监管能力,为对涉金融企业注销、变更等事宜开展线上快诊,通过信息交互、合规比对,为审批提供数据赋能,有效提高监管效率。三是形成《西湖区企业风险监测防控平台风险防范处置协同工作方案》《西湖区企业风险监测防控"一长三员"网格化管理工作方案》,理顺跨部门、跨层级执法协同机制,编写《企业风险监测防控(西湖)平台-西湖地网操作手册》,规范工作流程,保障工作高效开展。

二、取得成效

"企诊卫士"数字系统自 2021 年 6 月 30 日试运行以来,已实现对区内 7032 家涉金融企业的系统监测,覆盖 11 个属地镇街 3 个平台,累计提示风险 1297 次,开展现场核查 1472 人次,助力化解各类涉金融风险事件 1201 件,区相关部门联动,已完成对 546 家风险企业和经营异常企业的处置。截至 2022 年末,全区企业健康指数达 98.55。

金融"及时雨"，灌溉"民企小微田"

中国银行杭州分行

中国银行杭州分行（以下简称杭州中行）始终坚持以高质量党建引领业务高质量发展的主线不动摇，深化与辖内小微企业的沟通联系，切实为小微企业发展注入金融活力。下辖临平中行与意法商业集团深度党建业务融合发展，是杭州中行积极服务民营小微企业的一个缩影。

一、主要做法

（一）党建引领，通过基层大调研找准问题

意法商业集团是一家总经营面积约70万平方米，管理着多家专业采购批发市场的大型集团公司。在过去20年里，意法商业集团坚持可持续发展理念，带领一批又一批创新创业、努力奋斗的商户，以"平台赋能，孵化裂变"为模式，一步步传递着品牌价值。但随着近年来外贸环境不确定性的增大，服装行业遭受打击，意法市场中的商户面临着考验。在此大环境下，中国银行杭州分行主动走访意法市场展开调研，听取市场主体方和经营商户的需求和意见，整理出了市场商户订单量减少、供应链断裂、资金回笼难、融资参差不齐以及意法集团需要帮助商户恢复经营而运营成本大幅上升等问题。找准问题后，结合政府相关助商惠企政策，临平中行制定了针对性的金融服务方案，同时借此机会，与意法市场方党支部签订复兴壹号智慧平台党建共建协议，全面促进党建与业务发展有机融合，开启中行与意法商业集团深入合作的新篇章。

（二）综合化服务缓解市场主体资金压力

新冠疫情反复导致意法商业集团旗下的市场商户面临供应链断裂、营业收入大幅减少、经营成本上升、资金短缺等问题。对此，临平中行第一时间跟进服务，为意法商业集团新增投放中长期贷款 3.74 亿元，同时还为该集团及其子公司分别提供了相应的减费让利措施，有效缓解了集团旗下市场主体的资金压力。

（三）定制化普惠金融服务助力小微企业稳定发展

在前期与意法商业集团达成全面合作的背景下，结合意法商户需求以及国有大行综合化多元化经营优势，临平中行定制出"意法通宝"专项服务方案，通过贷款利率优惠、开辟绿色审批通道等措施有力支持小微企业纾困。此外，成立意法柔性突击队提供上门服务，立足"以上至下，以点带面"的宣传方针，以及结合反电信诈骗的宣传和数字人民币的推广试验，逐步深入意法商业集团旗下的意法轻纺城、意法鞋城、九意法女装中心等市场，将中行普惠小微金融服务重心下沉至意法市场的商户经营者，为意法市场商户提供精准金融服务。

二、取得成效

杭州中行通过党建业务融合持续加强与意法商业集团及其旗下小微企业和个体工商户的深度合作，充分发挥国有大行综合化经营优势，为市场主体精准制定普惠金融等综合金融服务方案。截至 2022 年末，杭州中行已为意法市场 22 户商户提供了特定的普惠金融产品，其中商户信用贷16 户，共计 966 万元，抵押贷 6 户，共计 1717 万元。杭州中行及时帮助小微企业纾困解难，提振市场主体发展信心，为民营小微商户注入强心剂。

打造一站式金融顾问服务人才企业

浙商银行股份有限公司

作为唯一一家总部在杭州的全国性股份制商业银行,浙商银行一直将服务高层次人才视为重要的使命和责任。2016年5月,浙商银行推出了全国首个以高层次人才作为精准服务对象的金融服务品牌——人才银行,致力于成为人才一站式金融顾问,为人才及其企业提供全方位、全生命周期的综合金融服务。人才银行业务开办以来,在金融支持高层次人才创新创业方面取得了积极成效,受到高层次人才的广泛好评。杭州哲达科技股份有限公司(以下简称哲达科技)在浙商银行人才银行的陪伴和支持下,逐步成长为行业隐形冠军,就是人才银行服务高层次人才的一个缩影。

一、主要做法

(一)专属服务,以人才评价为核心长效赋能

2019年,浙商银行人才银行服务团队首次与哲达科技接触,了解到客户存在前期研发投入较大、试验周期较长等问题,人才银行服务团队主动上门服务,根据创始人的人才身份提供人才专属"人才支持贷"服务,以人才资质作为授信额度重要核定依据,给予哲达科技1000万元流动资金贷款,为企业研发智慧能源系统提供了首笔关键资金。

(二)专项支持,助力企业跨越关键发展节点

随着企业的不断发展,浙商银行逐年拓展金融服务内容,陪伴企业逐步成长为隐形冠军。2022年,在哲达科技与大型钢厂进行项目合作需要资

金支持时,人才银行服务团队快速为企业量身定制了一套专项服务方案,在主动提供增量授信至 2000 万元的同时,联动子公司浙银金租,根据企业存量设备资产较多的特性,运用设备租赁业务模式,将存量设备转化为流动性支付及融资工具,提供 4000 万元专项融资额度,帮助企业跨越关键发展节点,实现人才企业的陪伴成长。

(三)专业团队,做人才企业最贴心的金融顾问

人才银行为高层次人才及其企业配备了专业服务团队,通过持续沟通和主动服务,双方建立了深厚的情谊。新冠疫情期间在企业设备和原材料采购方面出现资金缺口时,人才银行特设绿色通道,仅用三天就为企业发放了贷款,主动降低融资成本,提供"有温度"的金融服务。同时提高人才客户服务层级,由支行行长带队为哲达科技提供服务,提升服务质效;总分行行领导作为金融顾问,多次走访哲达科技提供"1＋N"综合服务支持,并为企业推荐了卧龙电驱等下游客户。

二、取得成效

在浙商银行人才银行四年多的陪伴和支持下,哲达科技高层次人才团队获国家级科学技术进步奖一等奖。2022 年,哲达科技股份有限公司成功入选浙江省专精特新中小企业名单,成为浙江省经信厅发布的工业节能减排第一批服务商名单企业、2022 年度浙江省隐形冠军企业,哲达科技正逐步成长为国内领先的零碳智慧能源服务商。浙商银行人才银行业务为浙江深入实施人才强省战略、加快打造世界重要人才中心和创新高地的战略支点提供了金融动能。

专业科创金融服务助力初创企业成长

杭州银行股份有限公司

杭州银行坚持以"中国价值领先银行"为愿景，服务区域经济、中小企业和城乡居民的市场定位，2009 年成立全国第三家、东部地区首家科技专营支行，专注服务科技型中小企业，打造中国特色科创银行，2016 年成立全国首家科技文创金融事业部，不断加大提升对科技型中小企业的金融服务能力，切实为推动产业高质量发展提供有力信贷支撑。多年来持续助力杭州 FT 科技股份有限公司（以下简称 FT 科技）不断成长壮大是杭州银行科创金融特色服务的成功案例。

一、主要做法

（一）名单制管理，银担合作助力初创企业发展

杭州银行根据杭州市科技局评选的雏鹰计划名单，得知 FT 科技是一家极具发展潜力的新能源汽车电源管理初创企业。2013 年初，杭州银行了解到 FT 科技缺乏有效抵质押资产，订单预收款有限，融资较为困难，急需一笔业务生产起步资金。随后杭州银行主动上门拜访该企业，基于对行业前景和公司技术实力的认同，杭州银行联合担保公司第一时间给予 FT 科技 300 万元"科保贷"，帮助 FT 科技完成了第一笔大订单，助力其业务快速发展。

（二）独立专业审批助力企业转型升级

因业务转型升级所需研发投入增加和国家新能源补贴的减少，FT 科

技的利润从 2016 年开始呈下降趋势,2017 年和 2018 年连续两年亏损,新增银行授信很困难,虽已启动第五轮股权融资,但仍急需解决 3000 万元的资金缺口。杭州银行针对该类科技企业成立专门审批中心,审批官派驻专营机构,确保"审贷分离"基本原则,坚持专业审批,培养行业专家。基于多年来与 FT 科技的合作,杭州银行研判公司研发能力与产品市场前景,认为其转型升级后研发能力受到专业产投机构认可且一线车厂订单回款有保障。2019 年 1 月,杭州银行为 FT 科技新增信用授信 2000 万元,共计 3000 万元,支持企业转型发展。

(三)打造伙伴关系,坚持授信支持企业渡过难关

2019 年初,FT 科技成功完成第五轮股权融资,归还了杭州银行部分融资,并与其他一线车厂接洽,拟定上市目标。而 2020 年受补贴政策退坡影响,新能源汽车行业兼并重组进程加快,FT 科技产销量不及预期,且部分应收账款面临坏账可能。基于多年来建立的深厚合作伙伴关系,杭州银行不抽贷、不断贷,在 2020 年度续授信时维持原有授信金额,支持公司顺利度过发展困难期。

二、取得成效

截至 2022 年末,FT 科技已成长为主营新能源汽车核心零部件的国家级高新技术企业,与雷诺日产联盟、LG(配套通用)、ICS(大众合资)、长城、广汽、蔚来、小鹏等国内外知名车企保持良好的供货关系,是国内新能源汽车车载充电机及车载 DC/DC 转换器的主要供应商。截至 2022 年末,杭州银行累计服务科创企业近 1.1 万家,为科创企业发放信贷超过 2000 亿元,融资余额近 500 亿元。

打造专精特新企业全生命周期资本陪伴服务模式

财通证券股份有限公司

财通证券坚守"金为实服务"使命初心,深耕企业全生命周期陪伴服务,致力打造"科创投行",为科技企业提供全产业链的综合金融服务,促进"科技—产业—金融"良性循环,助推浙江打造三大科创高地升级版。本次辅导上市的博菲电气成立于 2007 年,深耕绝缘材料行业十余年,是第二批国家专精特新重点"小巨人"企业和第三批专精特新"小巨人"企业,在绝缘材料的研发、制造方面具备突出的竞争优势和自主创新能力,科创属性显著。博菲电气的敲钟上市,是财通证券打造企业全生命周期陪伴服务的又一成功案例,更是财通证券打造具有产业特色的"科创投行"重要成果展现。

一、主要做法

(一)以股份制改造为抓手,推动企业向"规范"发展

2015 年,财通证券与博菲电气建立合作关系,当时博菲电气营业收入约 1 亿元。面对企业营收和利润较少、治理机制不够规范、各方面条件离上市尚有距离的客观情况,财通证券项目组深入企业问诊把脉,以培育企业规范成长为重点,协助企业梳理业务架构,提出上市规范建议,制定上市路径规划,推动博菲电气于 2018 年完成了股份制改造,公司内部治理、生产经营实现从粗放式向精细化的跃迁。

(二)以产业链整合为重点,推动企业向"高端"升级

2020 年 3 月,财通证券协助博菲电气完成对行业内老牌企业时代绝缘的收购,推动企业技术厚度、品牌影响力大幅提升,同时进一步密切加强与重要大客户中国中车的业务合作。2020 年 9 月,财通证券协助博菲电气引进包括宁波中车在内的 3 家战略投资机构,增强了企业资本实力和创新能力,提升了上下游供应链的韧性。企业当年营收规模达到 3.2 亿元,初步具备 IPO 的申报条件。

(三)以专业化优势为依托,推动企业向"主板"迈进

2020 年末,财通证券 IPO 项目组正式进场,开展博菲电气上市申报工作。凭借多年在电气设备产业链企业累积的项目经验和资源,项目组精准把握项目节点,快速有序推进申报进程,于 2021 年 6 月正式向中国证监会提交申报文件。历经近一年的审核周期,博菲电气于 2022 年 6 月成功过会,并于 2022 年 9 月正式登陆深交所主板,扬帆资本市场,开启发展新阶段。

二、取得成效

2022 年 9 月 30 日,财通证券保荐的浙江博菲电气股份有限公司正式登陆深交所主板(股票简称"博菲电气",股票代码 001255),此次 IPO 共计发行新股 2000 万股,募集资金总额 3.95 亿元。七年来,财通证券伴随博菲电气一路成长,在企业发展的不同阶段提供专业的指导意见和服务支持,助力企业从小到大、由弱变强,最终成功上市,实现跨越式发展。财通证券过硬的执行能力和优质的投行服务获得了客户的高度认可,全生命周期陪伴服务模式亦受到客户推崇。

以全周期信用风险管理体系助力
培育生物制造隐形冠军

中国出口信用保险公司浙江分公司

中国出口信用保险公司浙江分公司（以下简称浙江信保）作为国有政策性金融机构，坚决贯彻党中央关于充分发挥出口信用保险作用的重要指示精神，积极打造主动、动态、量化、全周期的信用风险管理体系，为中小微企业拓市场、防风险发挥专业支持和保障作用。作为自 2005 年起便与浙江信保合作的企业之一，杭州宝晶生物股份有限公司（以下简称宝晶）是一家专业生产酒石酸的高新技术企业，在浙江信保全周期信用风险管理体系的保障下，成功打入国际市场、拓展国内业务，成为全球酒石酸市场的隐形冠军。

一、主要做法

（一）出口信用保险服务助力企业打入国际市场

2005 年，在通过技术改造大幅提升产品产能后，宝晶亟须打开国际销售市场，但受制于发展规模、抗风险和融资能力等问题导致国际市场开发并不顺利。在得知中国出口信用保险公司是当时唯一能承办出口信用保险业务的政策性保险公司，可以帮助出口企业提升抗风险能力、拓宽融资渠道后，宝晶第一时间与浙江信保开展合作。在中国信保强有力的支持和风险保障下，宝晶"有单不敢接，有单无力接"的困境得到解决。

(二)保险融资综合服务助力企业拓展国内业务

除了稳步开展海外市场业务以外,宝晶很早就意识到了国内市场的开发潜力,并着手布局国内业务。从 2014 年开始,宝晶与浙江信保的合作也从短期出口信用保险进一步拓展到国内贸易信用保险。在浙江信保的帮助下,企业对国内买方信用资质进行了全面梳理,并针对国内销售业务构筑了全新的风险管理体系,发展动能得到了有效激活。尤其是近年来,得益于中国信保"应收账款保障+贸易融资+资信服务"的组合拳支持,宝晶的国内客户从原先的 20 多家增长到 200 多家,内销占比也从以前的 2% 提高到了 15%,实现了国内国际双循环的健康发展。

(三)发挥风险保障赔付作用助力企业度过关键发展期

2016 年是宝晶的关键一年,公司现代化办公楼和厂房落成,25000 吨食品级酒石酸生产线正式投产运营,欧盟反倾销案第三次以零税率获得胜利。在企业发展的关键时期,浙江信保进一步发挥风险保障作用,在客户违约后第一时间前往企业了解情况,凭借专业优势以及及时的案件勘查与定损核赔,最终帮助企业挽回损失超过 200 万元,顺利度过关键发展期。

二、取得成效

杭州宝晶生物在浙江信保全周期信用风险管理体系的保障下,经过十余年的发展,技术优势得到充分体现,稳步成长为国际上最大的 L(+)-酒石酸生产厂商,并于 2020 年被工信部认定为国家级专精特新"小巨人"企业,成为酒石酸行业全球市场占有率 40% 以上的隐形冠军。

在建设共同富裕示范区中展现金控担当

杭州市金融投资集团有限公司

杭州市金融投资集团（以下简称杭金投）始终积极履行国企责任，发挥"金融向善"，制定助力共富示范专项行动方案，升级"共富之约"党建文化品牌，运用金控集团综合服务优势，数智赋能民生服务，助力共同富裕建设。

一、主要做法

（一）综合金融服务夯实共同富裕产业根基

一方面，杭金投充分发挥基金引领撬动作用，通过产业基金、并购基金等招引国内外知名投资机构落户杭州，形成产业基金集群，打造"1＋N"投资矩阵，撬动多类资本投资赋能当地战略性新兴产业。另一方面，杭金投综合运用投资、信托、担保、保理、转贷基金、资产交易等金融工具，打造综合金融解决方案。全省首单"知识产权"资产支持票据（ABN）正式提报，为杭州市14家专精特新企业提供专项资金支持；全省首单"乡村振兴"ABS成功发行，拓宽现代农业金融融资方式。

（二）数智赋能民生服务平台推动共富共享

杭金投坚守为民初心，积极深化数字技术在民生服务领域的应用，高水平打造"智能卡""智慧医疗（舒心就医）""城市个人信用分（钱江分）""公共交通一码通"等一批数字化服务平台。推动产权交易业务向"互联网＋"进化升级，完成各类产权交易项目1831宗，实现交易额145.14亿元；承建浙里办"健康杭州"板块,完善互联网诊疗、智慧医保平台,交易笔数 2.67 亿次;建设智能客服提高人工智能(AI)分流率,拓展市民卡平台高频场景应用;参与地方金融风险监测分析平台一期、"亲清在线"三期项目建设;"不动产智治"平台实现交房云办证、二手房过户等 7 个事项全流程线上办理。

(三)企村联建实现共同富裕共建共享

深入实施党建引领"强企•兴村"计划,积极构建企村资源共享、互带互动、共同发展的联建格局,打造杭州金投"共富之约"的"金名片"。推出"阳光""春风""之江""暖树"等慈善信托系列产品,着力建设慈善生态圈,合力打造共富慈善信托,撬动更多社会资源投入服务共同富裕建设的优质项目;与多家金融机构共谋"共富钱江贷",深入发挥信用服务金融支撑实体经济的作用;依靠党支部带路、党员骨干带头和多方组织带动,5 个子企业党组织与行政村展开结对帮扶,推动实现企业和行政村共同发展、互利双赢。

二、取得成效

2022 年 8 月 8 日,杭金投联合全国多家金融机构共同发起设立以建设共同富裕示范区为目的的全国首个"金融港湾慈善基金"慈善信托。截至 2022 年末,旗下数字金融平台"共富信易贷"专区累计为 720 余家企业撮合融资授信近 20 亿元;纾困基金累计投放金额 136.6 亿元,帮助 19 家市域上市公司化解风险;产业基金累计撬动社会资本 171.5 亿元,投杭项目 113 个,培育杭州上市企业 11 家;数智民生业务板块累计帮助 2.8 亿人次缓解看病难问题,帮助 2.34 亿人次实现民生事项线上办理,服务人才事项 539 万人次。

政府性融资担保助力科创主体融资畅通

杭州市融资担保集团有限公司

杭州市融资担保集团持续完善政府性融资担保职能，做好"政府＋市场""财政＋金融"两个加法，创新"专营机构、专属产品、专业服务、专项费率"担保服务模式，高效精准帮助在杭科技创新主体畅通融资渠道。

一、主要做法

(一)以科创担保中心为平台,完善科创担保专营体系

在城西科创大走廊设立科创担保中心，通过科创担保专营机构充分集聚担保资源，推行"廊内业务廊内办"理念，在产品创新、人才配备、数字系统等方面实施单独管理。下沉产业园区、孵化器，主动服务和挖掘创新创业企业融资需求，推出"科云保""创业担保贷""园区保"等专项担保产品，对科技型企业实施分类管理，提供阶梯式担保费率优惠，探索科技型小微企业专项准入标准、担保期限和风险容忍度。聚焦五大产业生态圈建设，将担保产品有机嵌入产业政策，支持链上企业融资发展，助力打通"科技—产业—金融"循环。

(二)以数智担保系统为抓手,推动科创担保提质增效

基于小微企业"小快急频"融资特点，创设"杭云担"数字化担保系统，推动担保业务全流程线上管理，走在全省前列。通过银担系统直联整合银行和担保机构业务流、审批流、信息流，重塑传统担保业务流程，构建企业申请—银行决策—担保决策—出具保函—企业获贷的全业务流程数字化

闭环,升级企业"两头跑"为"零次跑",提升服务效率。利用大数据技术建立小微企业担保贷款风控模型,对企业准入进行自动化风险识别、评估和决策,开展担保全生命周期风险监测。

(三)以科创金融风险池为载体,塑造科创担保服务生态

创设市区联动、政银担协同的科创金融风险池,目标总规模 10 亿元,建立"政策引导、担保增信、银行让利"链条,撬动社会资本助力小微企业融资。创设城西科创大走廊科创金融风险资金池,实施企业白名单机制,为"互联网＋"、生命健康、新材料等"三大科创高地"企业提供不高于 0.7％/年的优惠保费;创设上城区科技企业贷款风险池,重点面向初创期、成长期科技型中小企业提供贷款担保,针对国家高新技术企业提供单笔不超过 0.6％/年的优惠保费。此外,以风险池为载体,对区县(市)担保机构科技类业务担保责任的 50％进行风险分担,支持区县(市)担保机构提高风险抵御能力,提升科技类业务担保意愿。

二、取得成效

科技企业担保贷款可得性增强,截至 2022 年末,集团本级科技型企业累计担保金额超 26 亿元,担保户数达 2600 户,帮助 28 家在杭企业入选 2022 年浙江省专精特新企业名录。企业获取担保贷款效率明显提升,通过"杭云担"数智系统,业务办理时效从 7—15 个工作日缩短至最快 30 分钟。科创企业担保贷款成本下降,依托科创金融风险池引导金融机构提供低利率担保贷款,最低可达 LPR 下浮 40 个基点,叠加保费优惠政策,可降低企业融资成本 300 个基点以上。

聚焦科技担保支持培育科创小微企业

杭州高科技融资担保有限公司

杭州高科技融资担保有限公司(以下简称杭高担)专注服务科技型企业,始终秉承不以营利为目的、助力创新创业的初心,承载支持科创、培育小微的担保使命,全力打通金融活水流向中小微企业的"最后一公里"。

一、主要做法

(一)创新定制产品,持续支小支微

针对不同客群,杭高担不断进行业务品种创新,先后设计推出联合天使担保、投保联动、高企保、孵化保、杭科保、知产保、私募可转债担保等十余个融资担保产品,为全省首单知识产权证券化(ABS)、余杭区首单知识产权资产支持票据(ABN)提供担保增信。2022年全年累计为1086家次企业提供融资担保信贷支持约28.93亿元,其中小微企业占比高达98%。平均担保费率降至0.58%,按照市场费率1%计算,当年累计为企业减免担保费超过905万元,切实降低小微企业综合融资成本。

(二)坚守科技初心,聚焦服务科创

杭高担聚焦服务科技型中小微企业,90%以上服务对象为科技型企业。围绕智能物联、生物医药、高端装备、新材料和绿色低碳五大产业生态圈,依托母公司杭州市科创集团有限公司构建了包括科创基金管理、科创股权投资、科创债券融资、科创服务四大业务板块的科技金融服务体系,加强政金协同联动打造杭州科创金融小分队,主动上门为科技类小微企业提

供个性化综合金融产品,全力为企业创新发展保驾护航。

(三)坚守风控底线,强化风险分担

杭高担构建"保前严控、专业评审、保后跟踪"风控体系,强化经营风险识别预警能力、决策风险防控能力和风险化解能力,2022 年代偿率 0.32%,远低于同行业代偿水平。与政府、银行、再担保加强合作健全风险分担机制,通过纳入再担保、专利权质押风险补偿基金、设立区县风险池等方式形成合力,化解担保代偿压力,增强公司"敢担愿担"的主体意愿和风险防控能力,全方位支持"更早""更小"的初创型企业。

(四)提升专业素养,提高服务能力

杭高担坚持定期集中培训与自主自习相结合的学习方式,从规章制度、岗位职责、操作流程、风险控制、行为规范等方面强化员工培训教育,不断完善培训机制,充分发挥教育培训在人才队伍建设中的基础性和先导性作用,努力打造一支服务水平高、业务素质过硬、更懂科创企业的人才队伍。

二、主要成效

截至 2022 年底,杭高担累计为 5648 家次科技型企业提供融资担保贷款约 184 亿元,助力小微制造业企业高质量发展。积极培育科技型中小微企业成长,扶持 11 家企业"由小到大"并成功上市;培育出 5 家独角兽企业、101 家准独角兽企业;支持 9 家专精特新"小巨人"企业,71 家专精特新中小企业。其中 9 家企业获 2021 年度浙江省科学技术奖,2 家获 2022 杭州市制造业百强,6 家获 2022 杭州市数字经济百强。

政　　策　　篇

中国人民银行 中国银行保险监督管理委员会 中国证券监督管理委员会 国家外汇管理局 浙江省人民政府关于金融支持浙江高质量 发展建设共同富裕示范区的意见

银发〔2022〕60号

为深入贯彻习近平总书记在中央财经委第十次会议上的重要讲话精神,全面落实《中共中央 国务院关于支持浙江高质量发展建设共同富裕示范区的意见》要求,进一步深化金融供给侧结构性改革,推动建立与浙江共同富裕示范区建设相适应的金融体制机制,支持浙江打造新时代全面展示中国特色社会主义制度优越性的重要窗口,现提出以下意见。

一、总体要求

(一)服务实体经济高质量发展

贯彻新发展理念,聚焦经济高质量发展的重点领域,优化金融资源配置,提升金融服务质效。探索金融支持科技创新、绿色发展的路径机制,夯实共同富裕的物质基础。构建新发展格局,发挥浙江市场经济活跃、民营经济发达、经济外向型程度高的优势,持续扩大金融对内对外开放,努力打造国内大循环的战略节点和国内国际双循环的战略枢纽。

(二)坚持金融为民的宗旨

坚持以人民为中心的发展思想,把促进共同富裕作为金融工作的出发点和着力点,以解决地区差距、城乡差距和收入差距问题为主攻方向,更好满足人民群众为追求美好生活而日益增长的金融需求。做好金融服务乡村振兴和金融帮扶，提升对重点人群和薄弱环节的金融服务质效，使广大人民群众公平获取金融资源，享受优质金融服务。

（三）倡导金融向善的理念

坚持"绿水青山就是金山银山"理念，探索金融支持碳达峰碳中和的浙江方案，高水平建设美丽浙江，全面推进生产生活方式绿色转型。发挥金融在收入分配、社会保障中的积极作用，推动形成以中等收入群体为主体的橄榄型社会结构。

（四）防范系统性金融风险

完善党建统领、法治为基、整体智治、高效协同的现代金融治理体系。在确保有效监管和风险可控的前提下，稳妥有序推动金融开放创新。完善地方政府金融工作议事协调机制，筑牢金融风险防控体系，牢牢守住不发生系统性金融风险的底线。

二、优化金融资源配置，支持经济高质量发展

（五）提升金融服务科技创新能力

聚焦"互联网＋"、生命健康、新材料三大科技创新高地建设，支持银行设立科技支行，探索形成与科创企业特点相适应的专业化业务管理体系。在风险可控、商业自愿前提下，鼓励银行与外部投资机构深化合作，积极探索多样化的科创金融服务模式。深化知识产权质押登记线上办理试点，推动科创金融产品扩面增量。加强创业投资等综合金融服务，促进先进制造业和现代服务业融合发展。鼓励银行机构充分发挥与其子公司的协同作用，为科创企业提供持续资金支持。完善首台（套）重大装备等保险补偿机制，支持知识产权保险创新发展，提升科技保险覆盖面。支持杭州市建设国内现代科创金融体系实践窗口和金融服务科技创新发展示范基地，带动嘉兴市争创长三角科技成果转化高地和科创金融一体化服务基地。

（六）强化金融支持先进制造业

完善对战略性新兴产业、先进制造业和"专精特新"企业的金融服务。加大对传统制造业技术改造的信贷支持力度，提升中长期贷款占比。加大对先进制造业的供应链金融支持，依托链上核心企业，整合物流、信息流、资金流等信息，鼓励金融机构为产业链供应链提供结算、融资和财务管理等综合金融解决方案，引导期货公司及其子公司提升对产业链供应链企业的风险管理服务质效。

（七）健全资本市场服务高质量发展机制

加快推动上市公司高质量发展，通过并购重组等方式引领带动一批现代产业集聚发展。支持上海证券交易所、深圳证券交易所、北京证券交易所、全国中小企业股份转让系统等与浙江共建企业培育和专项服务机制，引导企业精准对接多层次资本市场。创新区域性股权市场与全国中小企业股份转让系统合作机制，支持符合条件的企业在全国中小企业股份转让系统基础层和创新层挂牌、在北京证券交易所上市。加快推进区域性股权市场创新试点，探索市场化参与拟上市企业辅导规范，支持区域性股权市场推广县域企业服务基地模式。鼓励证券公司参与区域性股权市场，发起设立专项投资基金服务挂牌企业投融资，最高出资比例可达50%。按规定设立中外合资证券公司，探索开展股权投资和创业投资份额转让服务，稳步发展公开募集基础设施证券投资基金。支持浙江自由贸易试验区推进国际油气交易中心建设，深化与上海期货交易所期现合作，共建保税商品数据中心，推动双方仓单业务合作，完善长三角油气交易市场体系。

（八）构建数字化金融运行体系

推动金融与产业、企业、公共数据集成，推进数字化金融、企业信用信息、金融综合服务等平台迭代完善，探索支持共同富裕示范区建设以及重点民生领域等应用场景体系建设，切实提高金融服务数字经济、数字贸易能力。加快金融机构数字化转型，推动金融业态、模式和服务重塑。深化保险领域数字化改革,推动电子病历等数据共享,充分发挥"智慧医保""浙里甬 e 保"等平台作用,通过"保险＋"推进医疗体系升级。

三、提升跨境金融服务水平,推动高标准对外开放

(九)支持贸易新业态新模式发展

支持银行按相关规定优化金融服务,为诚信守法企业开展真实、合规的新型离岸国际贸易提供跨境资金结算便利。推动银行凭电子单证为跨境电商办理收付汇,支持银行为跨境电商提供更加丰富的跨境结算工具和产品。探索开展银行转变贸易真实性审核方式试点,由单证审核向交易实质审核转变,以尽职调查为基础、以合理性评估为重点,支持符合条件的银行开展贸易外汇收支便利化试点。

(十)提升跨境投融资便利化水平

探索开展本外币一体化资金池业务,支持符合条件的跨国企业集团在境内外成员之间开展本外币资金一体化运营,放宽购结汇、资金使用等限制。适时将本外币合一银行账户体系试点范围从杭州市扩大到全省。稳步推进合格境外有限合伙人(QFLP)试点,允许按照余额管理模式自由汇出、汇入资金,通过股权、债权等形式,在境内开展政策允许的各类投资活动,探索开展合格境内有限合伙人(QDLP)试点。适当提高非金融企业跨境融资规模上限和境外放款规模上限,支持浙江自由贸易试验区按规定探索开展境内贸易融资资产对外转让业务试点,拓宽浙江自由贸易试验区内企业境外融资渠道。在跨境金融区块链平台上开展出口信用保险保单融资类多场景试点。

(十一)增强企业汇率避险能力

支持银行在依法合规、商业可持续、风险可控的前提下,依据客户资信情况适度调整外汇衍生产品保证金比例,在结售汇服务中适当让利中小微外贸企业。鼓励银行根据客户资信情况,以授信或保证金等方式提供汇率

避险产品。对套期保值比率高、服务中小微企业比例高的银行，在贸易投资便利化试点准入等方面给予支持。鼓励银行加强汇率避险宣介，扩大面向中小微外贸企业的对接服务。

四、创新小微金融服务模式，助力缩小收入差距

（十二）深化小微金融服务

实施中小微企业金融服务能力提升工程，推广应用"贷款码"，优化小微企业金融服务差异化细分工作，持续开展首贷户拓展专项行动，深化小微企业贷款授权、授信、尽职免责"三张清单"，扩大融资覆盖面，提升融资便利度。支持证券经营机构探索以降低服务费率等方式优化对涉农经营主体的服务。深化政府性融资担保体系改革，推动小微企业和"三农"融资担保扩面增量。公平精准有效开展民营企业授信业务，不断提高金融服务民营企业质效。支持温州市深化民营经济金融服务，探索在示范区关键节点和重要环节上先行先试。鼓励台州市进一步深化专注实体、深耕小微、精准供给、稳定运行的小微企业金融服务创新。支持宁波市持续发挥数字技术优势，面向小微企业和创新创业主体提供优质融资服务和支付服务。

（十三）助力低收入群体增收

加大对个体工商户、家庭作坊、流动商贩、灵活就业人员、农村创业人群等市场主体的金融支持力度，优化对进城务工农民的金融服务，推动低收入群体增收。探索面向新产业、新业态和灵活就业人员推出更加符合其多样化需求的保险保障，充分发挥保险"稳定器"作用。推动落实各项金融惠企政策，深化保险替代保证金机制和常态化保就业保市场主体融资支持机制。发挥金融在第三次分配中的作用，大力发展慈善信托。

（十四）拓宽城乡居民财产性收入渠道

高水平推进钱塘江金融港湾建设，打造财富管理高地。在依法合规、商业自愿基础上，支持符合条件的商业银行在浙江发起设立理财子公司。

支持公募基金公司落户浙江。鼓励本地经营机构做优公募基金投资顾问服务,发挥财富管理功能。支持金融机构稳健发展投资基金、理财产品、信托等多元化金融产品,构建与城乡居民需求相适应的多层次、多样化财富管理体系。

五、深化农村金融改革,助力城乡区域协调发展

(十五)加大乡村振兴支持力度

加大对农房和村庄现代化建设的金融支持力度,助力实施乡村建设行动。探索通过发展农业供应链金融、强化利益联结等方式,依托核心企业提高小农户和新型农业经营主体融资可得性。加大对农产品冷链仓储物流、电商服务等生产性服务业发展的金融支持力度。推动银行结合客户生产经营活动周期、担保条件等实际情况,开发适合粮食等重要农产品生产的信贷产品。支持丽水市探索普惠金融服务乡村振兴改革。

(十六)创新涉农保险产品和服务

鼓励有条件的地方发展适合农村需求的地方优势特色农业保险,完善农业保险政策,优化完善"保险＋期货"模式,加强农业产业链保险保障。探索推广新型农业经营主体相关保险,为新型农业经营主体提供风险保障。推动相关部门和保险机构利用大数据等手段,构建农业灾害遥感监测体系,创新农业保险查勘定损和承保理赔模式,提高定损效率和理赔准确性。

(十七)支持山区 26 县跨越式高质量发展

鼓励金融机构专班团队、专门通道、专设权限,探索与山海协作、"飞地"共富、乡村振兴重点帮促村等相适应的金融服务模式,联合为山区 26 县提供金融顾问和开发式帮扶。开展"一县一策"金融精准帮扶,加大对县域绿色低碳建设、特色产业、村级集体经济、新型农业经营主体等重点领域和对象的金融支持力度。

(十八)优化农村基础金融服务

推进浙江深化农村信用社改革试点。以服务最大化为目的,探索在资本占用、股权结构、法人治理等方面的差异化政策,降低"三农"和小微企业融资成本,加快构建服务共同富裕的农村信用社普惠金融体系。深化农村信用体系建设,加快建立新型农业经营主体信用体系,加强信用信息共享,扩大农村地区信用信息覆盖面,强化信用成果应用。拓展金融助农服务点功能,实现小额取款、转账、缴纳公共事业费、金融业务咨询、金融知识普及宣传、反假人民币等基础金融服务。推进储蓄国债下乡,拓宽储蓄国债网上银行、手机银行、便民服务站等销售渠道。

六、提升金融服务水平,促进公共服务均等化

(十九)加强住房租赁金融支持

优化对保障性租赁住房的金融支持,在住房租赁担保债券、住房公积金贷款资产证券化等方面先行先试,将符合条件的保障性租赁住房建设项目纳入地方政府专项债券支持范围。支持银行以市场化方式向保障性租赁住房自持主体提供融资服务,向改建、改造存量房屋形成非自有产权保障性租赁住房的住房租赁企业提供经营性贷款。企业持有运营的保障性租赁住房具有持续稳定现金流的,探索将物业抵押作为信用增进,发行住房租赁担保债券。

(二十)强化保险保障功能

探索覆盖自然灾害、公共安全等灾因的巨灾保险试点。进一步发挥责任保险在安全生产、环境污染、食品安全、工程质量等方面的保障作用。规范发展第三支柱养老保险。加快健全养老金融服务体系,鼓励金融机构开展养老金融业务创新,推进专属商业养老保险试点,适时开展养老理财试点,提高居民养老财富储备和养老支付能力。推动托幼机构及相关主体积极投保保险,助力完善婴幼儿照护服务体系。深化推进商业医疗保险,探

索推动浙江与保险精算师协会、上海保险交易所等加强战略合作,开发具有区域特点的商业健康保险产品和健康保障服务,推动将更多医保目录外合理医疗费用按规定程序纳入商业健康保险保障范围,提升医疗保险保障水平。深化宁波市保险业改革创新,打造保险服务共同富裕示范样本。

(二十一)拓展移动支付应用

推动银行业统一移动支付 App、银行 App 等各类移动支付产品高质量协同发展;推动政府部门整合资源,合力共建移动支付便民场景。支持浙江符合条件的银行、非银行支付机构为境外个人提供境内移动支付服务。支持符合条件的地区开展数字人民币试点。

(二十二)推进金融便民服务改革

深化"无证明化"改革和"身后一件事"金融便民服务,稳步探索继承人金融信息查询便利化机制。持续改善对老年人、残疾人等群体的金融服务,实现优质服务便捷共享。

七、深化绿色金融改革,推动生态文明建设

(二十三)打造绿色金融浙江样板

推动银行保险机构探索开展气候风险评估,引导和促进更多资金投向应对气候变化领域的投融资活动。推进上市公司环境、社会和治理(ESG)信息披露,发展绿色债券,探索绿色资产证券化,研究建立绿色证券基金业务统计评价制度。支持符合条件的地区建立工业绿色发展项目库,引导金融机构创新符合工业绿色发展需求的金融产品和服务。深化湖州市绿色建筑和绿色金融协同发展改革创新,推动衢州市探索基于碳账户的转型金融路径。

(二十四)强化碳达峰碳中和金融支持

引导银行将碳减排效益、碳价等指标纳入授信管理流程,研究发展排

污权、用能权、用水权等环境权益抵质押贷款。鼓励金融机构积极参与生态产品价值实现机制建设。支持浙江按规定使用碳减排支持工具,推动绿色债券增量扩面。探索推进金融机构实现自身运营和业务的碳减排。

八、完善金融风险防控,守牢金融安全底线

(二十五)健全金融风险防控机制

落实金融安全战略,推动所有金融活动依法依规纳入监管。加大金融领域反垄断和反不当竞争监管力度,防止资本无序扩张,实现事前事中事后全链条监管,坚决维护金融市场公平竞争。完善金融业综合统计体系及风险预警体系。依托中小法人银行流动性实时监测系统,加强流动性风险管理。进一步健全金融创新监管协调体系,确保风险防控能力与金融改革创新相适应。

(二十六)金融助力社会治理

坚决防范和打击非法集资等各类非法金融活动。严格银行账户分类分级管理,加大存量账户风险清理,推动开户、交易环节强化身份核验和身份认证。会同公安机关探索依法建立潜在受害人银行账户保护性止付机制。

(二十七)加强金融消费权益保护

加强金融管理、行业组织等协作,加强金融纠纷多元化解机制建设,畅通金融消费者投诉受理渠道,强化数据安全和个人信息保护。加强宣传引导,注重普及金融知识,引导投资者树立正确理性观念,提高防范风险能力,维护人民群众财产安全。

九、保障措施

(二十八)加强金融系统党的领导

坚持全面从严治党、从严治金,加强金融系统党的建设,将党的建设与

公司治理同步推进,推动抓党建、强治理、防风险、促发展的有机结合。深化清廉金融建设,营造风清气正的良好生态。发挥金融机构主体作用,推动金融机构落实金融为民、金融向善的理念,积极履行社会责任。

(二十九)建立工作保障机制

浙江切实承担主体责任,立足省情和发展实际,细化实施方案,明确责任分工,确保各项任务落实到位。加强与国家金融管理部门的沟通会商,推进重要政策、发展规划、金融需求等信息共享,对遇到的困难和问题,及时会商解决。

(三十)建立重大改革先行试点机制

国家金融管理部门加强与浙江的沟通协调,优先将金融支持共同富裕相关改革试点任务赋予浙江,指导支持浙江率先探索实践。浙江加强政策配套支持,积累改革经验,探索建立金融促进共同富裕的体制机制和有效路径,发挥示范引领作用。

(三十一)构建金融支持共同富裕评价体系

按照定量与定性、客观评价与主观评价相结合的原则,加快构建具有科学性、普适性、全面性的金融支持共同富裕综合评价指标体系,全面反映金融支持共同富裕工作成效,打造一批具有辨识度的金融支持共同富裕标志性成果。适时开展第三方评估。

中国人民银行

中国银行保险监督管理委员会

中国证券监督管理委员会

国家外汇管理局

浙江省人民政府

2022 年 3 月 10 日

杭州市人民政府办公厅关于推进
全市融资担保行业持续健康发展的实施意见

杭政办函〔2022〕9号

各区、县（市）人民政府，市政府各部门、各直属单位：

为推动全市融资担保行业持续健康发展，更好服务实体经济，根据《浙江省人民政府办公厅关于促进融资担保行业健康发展的实施意见》（浙政办发〔2019〕4号）、《浙江省人民政府办公厅关于深化政府性融资担保机构体系改革切实支持小微企业和"三农"发展的意见》（浙政办发〔2021〕22号）精神，以及我市关于金融支持服务实体经济高质量发展的有关要求，经市政府同意，提出如下实施意见。

一、总体要求

坚持"国有与民营互补，服务与监管并重，发展与防风险相结合"的总体思路，推动政府性融资担保机构体系改革，壮大融资担保行业整体实力，形成政府性融资担保机构与民营融资担保机构共同发展，融资担保机构、银行机构有效合作，主要服务小微企业和"三农"发展的全市融资担保体系。到2023年底，争取实现融资担保业务额1000亿元以上，全市政府性融资担保机构的小微企业和"三农"融资担保放大倍数原则上不低于5倍。

二、推动融资担保行业整体提升

（一）促进银担合作

构建银行机构和融资担保机构共同参与、合理分险的银担合作机制，明确代偿追偿责任，强化担保贷款风险识别与防控。银行机构要按照勤勉尽职原则,落实贷前审查和贷中贷后管理责任。鼓励银行机构在担保放大倍数和风险分担比例等方面对服务小微企业和"三农"为主的融资担保机构给予同等待遇。完善银行机构支持我市经济社会发展评价激励机制,将银担合作情况作为评价重要参考指标,并进行定期通报。

(二)创新担保方式

充分发挥融资担保机构引导增信、融资撬动、担保放大和风险管理作用,支持其积极创新产品与服务,深化主动营销,简化担保手续,多渠道扶持小微企业和"三农"发展。支持金融机构、供应链核心企业和融资担保机构开展合作,组建产业链优化提升联合授信体,探索"有效订单即给予担保"的模式。鼓励政府相关部门与融资担保机构开展合作,加大增信支持力度,扶持产业发展。

(三)优化平台应用

利用互联网、大数据、云计算等技术,推动信息系统共建,实现银担批量业务合作。利用金融综合服务平台,开发"政府＋担保＋银行＋征信＋企业"一站式服务新模式,通过信息共享、网上办理,优化企业融资流程,降低融资成本,提升服务获得感。

(四)支持民营机构持续发展

鼓励民营融资担保机构通过增资扩股、引进战略投资者、兼并重组等方式增强资本实力,提升服务小微企业和"三农"发展的能力。支持民营融资担保机构与政府性融资担保机构开展联保、分保等业务合作,形成政府性融资担保机构与民营融资担保机构信息共享、风险共担、互补发展的良好局面。

(五)发挥行业协会作用

加强行业自律,制定行业准则和业务规范,维护融资担保机构合法权益;做好融资担保行业政策宣传、理论研讨、法律咨询、风险提示、教育培训、行业统计、信息交流等工作,搭建融资担保机构、业务监管部门多方参与的交流平台,促进行业规范有序发展。

三、强化政府性融资担保机构引领作用

(六)加快体系改革

以杭州市融资担保有限公司为主体,控股(参股)杭州高科技融资担保有限公司和杭州供销农信融资担保有限公司,组建杭州市融资担保集团。加强市本级和区、县(市)政府性融资担保机构资源统筹,合并、控股或参股区、县(市)政府性融资担保机构,构建以股权为纽带的全市政府性融资担保机构体系。不能建立股权联系的政府性融资担保机构,要加强业务协同,形成有效合作机制。

(七)加强合作对接

组建后的杭州市融资担保集团要与国家融资担保基金、省担保集团开展对接合作,积极争取股权投资、风险分担等方面的政策支持;牵头建立"4222"风险分担机制(政府性担保机构承担40%的风险,国家融资担保基金、省再担保公司、合作银行分别承担20%的风险)。

(八)切实降费增信

政府性融资担保机构不以营利为目的,政策性业务担保费率原则上不超过1%,不收取其他费用。降低反担保门槛,鼓励政府性融资担保机构扩大纯信用担保业务,以企业前3年纳税总额为限,提供无抵押的信用担保。政府性融资担保机构要通过降低服务成本、提高服务效能、争取合作银行让利等多种途径,切实降低小微企业和"三农"融资成本。

(九)聚焦重点领域

重点加大对"三农"及《杭州市国民经济和社会发展第十四个五年规划和二〇三五年远景目标纲要》明确要建立的"现代产业体系"中"5+3"重点

产业的增信支持服务力度。拓宽"双保"(保就业、保市场主体)融资服务范围,对地方贡献突出的企业实行"见贷即保"的批量担保模式。为优质民营企业发债、科技企业知识产权资产证券化提供增信支持。组建后的杭州市融资担保集团要发挥在政策性担保业务领域的引领作用,探索建立市和区、县(市)政策性担保业务协同机制,引导全市政府性融资担保机构有序开展业务。

(十)完善公司治理结构

政府性融资担保机构要建立健全法人治理机制,规范内部管理,完善内控制度,在发展业务、扩大服务面的同时,切实防范经营风险和道德风险。建立以市场为导向的经营管理、风险防控、选人用人、薪酬待遇和激励约束等机制,提高市场化运作管理水平。

(十一)建立工作推进机制

政府性融资担保机构主管部门要牵头落实尽职免责工作机制,代偿率容忍度放宽至 5%;制定政府性融资担保机构业务任务目标,重点明确政府性融资担保机构服务小微企业和"三农"融资担保业务规模、放大倍数、担保费率、代偿率、风险控制等工作要求。市地方金融监管局对各区县(市)政府、各政府性融资担保机构工作进展和成效进行评估并通报。

四、完善政策扶持举措

(十二)提高服务能力和水平

财政、税务部门要认真落实国家和省市相关融资担保机构风险补偿、税收减免、专项补贴、代偿损失及准备金税前扣除等政策;规划和自然资源、住保房管部门要依法支持融资担保机构办理不动产和房产抵押登记,并为其债权保护和追偿提供必要协助;市场监管、公安、林业等部门要在职责范围内支持融资担保机构开展业务,维护融资担保机构合法权益。

（十三）建立资本金持续补充机制

政府性融资担保机构主管部门应建立资本金补充机制，根据政府性融资担保机构在保余额、放大倍数、资本金使用效率等因素及业务发展情况安排资金，进一步提高政府性融资担保机构持续发展的动力。政府性融资担保机构可结合与银行机构业务合作情况，采取竞争性存放方式安排资本金存放。

（十四）优化保费补贴办法

各级财政部门每年安排预算资金，专项用于融资担保机构服务小微企业和"三农"业务保费补贴。完善现有融资担保业务保费补贴办法，按不高于融资担保机构上年度日均担保余额 0.5％的比例给予补贴。

（十五）建立代偿补偿基金

鼓励区、县（市）政府根据本区域实际建立政府性融资担保机构代偿补偿基金，对政府性融资担保机构担保代偿实际损失给予补偿，进一步增强其抗风险能力。

五、促进行业规范发展

（十六）加强行业监管

推动市和区、县（市）两级联合监管，发挥地方金融监管、市场监管、银保监、税务等部门职能，进行多层次、组合式监督管理。开展融资担保机构监管评级，实施分类监管，加强风险隐患的跟踪监管。鼓励融资担保机构按照市场化原则开展信用评级，提升规范运作水平。对融资担保机构违反《融资担保公司监督管理条例》《浙江省地方金融条例》等有关规定的，依法追究有关单位和人员的责任，并依据相关规定取消其享受扶持政策的资格。

（十七）落实属地责任

按照"属地管理、专人负责，谁主管、谁负责"的原则，推动监管重心下移，各区、县（市）要建立政府统一领导，相关部门协同配合、快速反应的行业监管和风险防控处置机制，积极稳妥做好融资担保风险处置工作。强化属地监管责任，加强人力、物力、财力等监管资源配备，处理好发展与监管的关系。

杭州市人民政府办公厅

2022 年 2 月 10 日

杭州市地方金融监督管理局关于印发《贯彻落实〈浙江省人民政府办公厅关于金融支持激发市场主体活力的意见〉的若干措施》的通知

杭金管函〔2022〕1号

各区、县(市)金融办:

根据《关于金融支持激发市场主体活力的意见》(浙政办发〔2022〕10号)和《杭州市贯彻落实省"5＋4"稳进提质政策系列工作举措》的工作要求,市地方金融监管局研究制定了《贯彻落实〈浙江省人民政府办公厅关于金融支持激发市场主体活力的意见〉的若干措施》,现印发给你们,请结合工作实际,积极促进我市市场主体持续健康发展。

杭州市地方金融监督管理局

2022 年 3 月 31 日

关于贯彻落实《浙江省人民政府办公厅关于金融支持激发市场主体活力的意见》的若干措施

为贯彻落实《关于金融支持激发市场主体活力的意见》(浙政办发〔2022〕10号)和《杭州市贯彻落实省"5＋4"稳进提质政策系列工作举措》的部署要求,进一步加大对市场主体的金融支持力度,不断提升金融服务实体经济水平,促进全市经济社会高质量发展,特制定以下措施。

一、建立融资畅通长效机制

(一)增强信贷总量增长的稳定性

围绕经济稳增长目标,落实中央稳健货币政策灵活适度的要求,保持社会融资规模增速同名义经济增速基本匹配,力争2022年新增社会融资规模不低于9000亿元。完善在杭金融机构支持我市经济社会发展评价办法,引导金融机构信贷余额增长不低于6600亿元。推动已与市政府建立战略合作关系的金融机构积极履约,争取各签约金融机构向我市投放各类资金超1万亿元。

(二)健全数智化融资对接机制

加强政银企对接机制,推动政府数据规范有序开放共享,为金融机构、金融科技企业和企业创新发展提供支持,提升杭州征信公司服务能力,拓展杭州金融综合服务平台功能,加大对中小微企业的融资支持,推出股权融资、担保融资、小贷融资等新板块,到 2022 年末,力争累计撮合融资金额不低于 2000 亿元。

(三)降低企业贷款综合融资成本

持续发挥贷款市场报价利率(LPR)改革潜力,畅通 LPR 传导机制,引导金融机构将 LPR 下降传导至贷款定价当中。有序推进普惠小微信用贷款支持计划纳入支农支小再贷款管理,积极运用再贷款再贴现等央行低息资金,支持金融机构向企业提供优惠贷款。用好贷款贴息等政策,推动银行机构通过降低利率、减少收费,实现全市企业综合融资成本稳中有降。

二、开展专项信贷支持行动

(四)开展科创企业便捷获得信贷专项行动

争创国家级科创金融改革试验区,稳妥有序开展股债联动,支持银行、保险、证券、各类基金、担保公司联动衔接,推广投、贷、保联动等多种服务模式创新,为企业提供持续资金支持。健全科技金融专营机构体系,鼓励设立科技支行、科技贷款中心、科技金融事业部等。开展知识产权证券化试点,完善知识产权保护和价值评估,扩大产业链科技型企业的知识产权质押融资规模。举办 2022 年万物生长大会,支持培育更多独角兽企业。

(五)开展制造业中长期贷款提升专项行动

引导银行机构主动对接制造业重点项目、重点企业清单,建立制造业信贷专项计划,积极向上争取信贷规模,下放信贷审批权限,力争全年制造业贷款增速高于各项贷款增速,制造业贷款余额突破 6500 亿元。鼓励有条件的在杭法人银行机构探索建立先进制造业融资事业部。支持银行机构加大制造业企业中长期固定资产贷款及中期流动资金贷款的投放力度,对"雄鹰行动"培育企业、"专精特新"企业优先给予中长期贷款支持,确保制造业中长期贷款增速不低于各项贷款增速,中期流动资金贷款增速不低于流动资金贷款增速。

（六）开展重点产业链供应链融资专项行动

充分发挥人民银行应收账款融资服务平台作用,强化对重点供应链产业链上核心企业签发的商业承兑汇票的保障,推动政府性融资担保机构提供担保增信服务,用好人民银行提供再贴现优惠资金支持保障,探索"产业引导＋增信支持＋央行资金"票据融资支持模式。力争每年产业链企业贷款增速高于贷款平均增速,产业链企业贷款占制造业贷款比重逐年上升。

（七）开展中小微企业和个体工商户融资保障专项行动

支持银行业机构加强对中小微企业、个体工商户等稳定扩大就业重点群体的金融支持,推动普惠小微企业贷款延期还本付息支持工具转换为普惠小微贷款支持工具,激励金融机构扩大普惠小微贷款投放,政策执行至2023 年6 月底。开展首贷户拓展行动,强化"信易贷""银税互动"和"银商合作"等融资服务。聚焦星级园区和数字化园区,持续深化"伙伴银行""伙伴保险"建设和"五位一体"金融服务模式,推动五星、四星级小微企业园的入园企业授信比例达到70％以上,其他星级园区达到50％以上。力争2022 年在杭金融机构普惠小微贷款新增额超过1000 亿元,个体工商户贷款余额突破3000 亿元。

三、拓宽多元化投融资渠道

（八）鼓励企业上市融资

抢抓股票发行全面注册制机遇,深化实施"凤凰行动"计划,推进企业上市"一件事"集成改革,加大上市后备企业辅导力度,规范培育"专精特新"企业、科创板申报企业、创业板申报企业等,促进市场主体全面对接多层次资本市场。实施区域性股权市场创新试点,建立以"规范培育＋融资畅通＋上市通道"为核心的区域性股权市场综合服务生态,探索私募基金份额转让服务平台运作路径。力争2022 年全市新增境内外上市公司30家,境内上市公司IPO 募集资金80％以上投向杭州。

(九)加强创业创新投资服务

发挥创新基金的牵引作用,通过母基金、子基金和专项子基金等方式,加大生命健康、数字经济、新材料等重点领域投资,力争 2022 年创新基金规模放大到 700 亿元。利用金融小镇各类基金集聚效应,支持天使基金、创投基金、股权投资基金等加大对重点行业重点领域企业的投入,有效弥补创新型、成长型企业的融资缺口。新设一批行业主题并购基金,结合并购贷款、银团贷款,支持企业开展整合高端要素的境外并购,以及围绕提升产业集中度、延伸产业链开展的境内并购,力争 2022 年全市新增并购重组资金达 200 亿元以上。

(十)支持企业发行债券

搭建企业发债融资项目储备和推荐机制,建立全市重点产业链企业发债需求清单,运用好债券融资支持工具,推动省、市政府性融资担保公司积极对接,优化与中债增公司合作模式,加大对中低信用评级企业发债的支持。扩大中期票据发行规模和中长期债券融资支持工具运用,鼓励符合条件的企业发行碳中和债券、可持续发展挂钩债券、高成长债券、项目收益票据、权益出资型票据等创新产品,优化产业链企业债券期限结构。

四、持续推动金融服务创新

(十一)助力共同富裕战略实施

制定《金融支持西部山区四县跨越式高质量发展助力共同富裕示范区城市范例建设行动计划(2022—2025 年)》,组织金融机构与乡村振兴重点帮促村、特色生态产业平台和"飞地"等建立合作伙伴关系,提供长期稳定的优质金融服务,全力探索金融帮促山区县跨越式发展"机构集聚＋政策集合"的"杭州模式"。组织银行、保险等建立服务乡村振兴的专营机构,探索建立与城乡居民需求相适应的财富管理体系,推动农村地区人身保险提质扩面。加大对农民专业合作社、家庭农场等新型农业经营主体的信贷支持,推进政策性农业保险提标扩面增品,通过农业信贷担保、市级金融企业支持乡村振兴战略合作协议、农业政策性保险等途径扩大金融投入 100 亿元,力争涉农贷款余额突破 8200 亿元。

(十二)鼓励政策性融资担保业务发展

实施《杭州市人民政府办公厅关于推进全市融资担保行业持续健康发展的实施意见》,健全担保公司法人治理结构,完善现有融资担保业务保费补贴办法,优化以服务小微企业为导向的绩效考核机制。组建杭州市融资担保集团,加强市本级和区、县(市)政府性融资担保机构资源统筹。2022年力争全市政府性融资担保服务小微企业和"三农"业务额增速高于 50%。

(十三)大力发展绿色金融

研究制定全市绿色金融支持碳达峰碳中和实施方案,推动央行碳减排支持工具和支持煤炭清洁高效利用专项再贷款又好又多落地,鼓励金融机构设立绿色金融事业部、绿色分(支)行,加强与绿色金融重点市县、重点项目、重点平台、重点企业的对接,稳妥开展环境权益、生态补偿抵质押融资,探索发展碳排放权、排污权、特许经营收费权等抵质押绿色信贷业务,探索设立环境权益交易市场,力争全年绿色贷款增速不低于 20%,绿色贷款余额达 3500 亿元。

(十四)发挥保险的风险保障和战略投资作用

推进首台套重大技术装备保险和重点新材料首批次保险补偿机制试点工作,推动产业链创新产品市场化应用。加强银保合作,充分运用制造业贷款保证保险等增信服务,支持轻资产科创型高新技术企业发展壮大。加大出口信用保险支持力度,为大型成套设备出口和走出去企业海外投资项目提供风险保障。推动政府性融资担保支持小微企业汇率避险增信服务方案落地见效,降低小微企业汇率避险成本,提升企业汇率风险防范意识,创新汇率避险产品种类,最大限度满足外贸企业多元化避险保值需求。推广保证金替代类保险产品,帮助企业减轻财务压力。建立保险机构与重大项目信息交换机制,引导保险资金通过股权、债权、基金等方式为重点企业、重大项目提供长期稳定的资金支持。

(十五)运用金融创新技术手段

以金融科技为引擎,充分利用云计算、大数据、人工智能等创新技术,推动改革传统金融机构的服务方式和商业模式,拓展金融大数据的应用场景。推动银行机构在企业信贷审批中运用基于区块链的企业电子身份认证信息系统(eKYC)。推行小微企业简易开户服务,优化开户流程,提升企业开户效率。支持产业聚集区域利用大数据创新技术,探索建立优质企业名单,为金融机构支持产业高质量发展提供参考依据。

五、营造优良金融生态环境

(十六)完善纾困帮扶机制

稳定市场主体融资预期,梳理民营企业发债需求清单和大型民企流动性风险管控清单,对遇到暂时困难,但市场竞争力强和发展前景向好的企业,鼓励金融机构用好用足各项支持政策,通过"连续贷＋灵活贷"创新机制,协商解决债务偿还、资金周转、扩大融资等问题,力争 2022 年底无还本续贷和中期流贷占企业流动资金贷款比例超过 50％。聚焦高杠杆企业和涉及重大担保圈、潜在债券违约风险企业,加强上市公司股权质押风险纾解清单、"两链"风险管控清单和帮扶困难企业清单动态管理,省市县联动、政银企协商,综合运用帮扶措施,积极防范化解风险。

(十七)提升系统性监管能力

推进市银保监办实体化运作,建立健全服务实体经济、防范化解地方金融风险等方面的协同工作机制。用好全省"天罗地网"监测平台,推进地方金融风险监测平台建设,完善金融网格员队伍,推动金融活动纳入监管体系,切实防范金融交叉风险和资本无序扩张。

(十八)维护好地方金融稳定

深化市处置非法集资联席会议、市各类交易场所监督管理联席会议等各类议事协调机制,推动事前准入、事中监管、事后兜底协同联动。有效防范化解私募投资基金等领域涉众型风险,做好网贷风险后续处置。加强对各类风险有效处置,治理恶意逃废债行为,确保不良贷款率控制在 1.5%以下。

杭州市地方金融监督管理局关于印发《杭州市绿色金融支持碳达峰碳中和行动计划》的通知

杭金管发〔2022〕52 号

各区、县（市）金融办：

现将《杭州市绿色金融支持碳达峰碳中和行动计划》予以印发，请结合实际，认真贯彻落实。

杭州市地方金融监督管理局

2022 年 8 月 23 日

附件

杭州市绿色金融支持碳达峰
碳中和行动计划

为深入贯彻国家、省、市有关碳达峰碳中和工作部署,切实做好对绿色低碳领域的金融保障,制定本行动计划。

一、目标要求

(一)总体要求

以习近平新时代中国特色社会主义思想为指导,深入贯彻习近平生态文明思想,按照"减污降碳"协同增效导向,加快构建绿色金融组织、标准、服务、政策和工作体系,着力完善绿色金融基础设施,全面推进金融资源向绿色低碳行业倾斜,为我市高质量实现碳达峰,打造新时代美丽杭州,争当高质量发展建设共同富裕示范区城市范例提供强有力的金融支撑。

(二)主要目标

"十四五"期间,全市绿色金融组织体系较为完善,绿色金融基础设施基本健全,金融科技创新监管绿色试点项目有序推进,绿色金融产品创新和应用梯次丰富,形成一批突破性、标志性成果,着力将杭州打造成为国内领先的区域性绿色金融服务中心。到 2025 年,力争绿色贷款年均增速不低于 20%,2025 年末余额达到 1 万亿元;气候融资每年新增不低于 600 亿元;绿色债务融资工具和绿色金融债发行规模较 2021 年翻两番;环境风险治理领域每年风险保障额度超过 200 亿元。

二、主要任务

(一)强化重点领域金融保障

围绕市委、市政府碳达峰碳中和决策部署,构建以碳减排为核心的绿色金融体系,引导金融机构动态构建绿色低碳项目、节能减碳技术改造项目、绿色低碳科技成果转化项目"三张清单",持续强化六大重点领域的金融保障。绿色产业领域,重点支持发展"光伏＋农业"、节水灌溉等生态增汇型农业,以及视觉智能、集成电路、新材料等绿色低碳工业,推动化纤、水泥等高耗能行业产能减量置换。绿色能源领域,重点支持建设清洁能源项目、分布式光伏整县开发、"煤改气"工程等领域发展。绿色交通领域,重点支持交通运输基础设施低碳建设、新能源和清洁能源交通装备发展。绿色建筑领域,重点支持绿色智能建造、低耗能建筑应用和既有建筑节能改造。绿色生活领域,重点支持绿色亚运、绿色消费,推动发展与个人低碳行为相关的金融产品和服务。生态碳汇领域,重点支持打造森林城市、生态园林城市和湿地水城。同时,大力支持低碳零碳负碳和储能新材料、新技术、新装备等前沿基础研究和关键核心技术攻关。

(二)持续提升绿色信贷服务

支持金融机构围绕生态资产、环境权益等深化金融产品创新,发展碳排放权、用能权、排污权、用水权等绿色权益抵质押融资业务。充分发挥碳减排支持工具和碳清洁高效利用专项再贷款的引导作用,鼓励在杭金融机构积极申报符合条件的项目,增加全社会绿色信贷投放。引导银行机构落实差别化信贷政策,从严控制"两高一剩"行业贷款,适度降低绿色低碳行业的信贷准入门槛,给予长期限、低成本资金支持。到 2025 年,全市绿色贷款平均每年新增超 1300 亿元。优化绿色低碳企业跨境融资服务。

(三)加大多层次资本市场利用

深入实施凤凰行动计划升级版,夯实绿色企业后备上市梯队,支持符合条件的绿色企业在境内外资本市场上市,提升绿色上市公司质量,到 2025 年,全市新增绿色行业上市公司不少于 18 家。支持绿色龙头企业通过并购重组整合高端技术、人才资源,促进绿色低碳产业集聚发展。鼓励发行绿色金融债、绿色企业债、绿色公司债、绿色债务融资工具及绿色资产支持证券,支持开发气候债券、蓝色债券等创新品种。深化浙江省区域性股权市场创新试点,支持节能环保类、环境和公共设施管理类、生态农林类、新能源类企业到区域性股权交易中心绿色产业板块挂牌。积极参与全国碳排放权交易市场、浙江省排污权网络交易平台和用能权平台建设,探索与辖内中小企业的连接机制,有效盘活碳资产。

(四)构建绿色产业基金体系

做强做大杭州创新基金、市创投引导基金,加大对数字经济、先进制造等战略性新兴产业的支持力度。鼓励有条件的区县(市)设立绿色产业基金,强化与金融机构的合作。积极争取国家绿色发展基金、浙江浙能绿色能源股权投资等大型基金项目支持。落实税收优惠政策,集聚带动一批优质民营专业和私募投资机构,专注于投资绿色低碳产业。推进合格境外有限合伙人(QFLP)试点,吸引跨境风险投资及私募股权加大对我市绿色低碳领域的资金投放。

(五)充分发挥绿色保险作用

支持保险机构开展绿色保险创新,发展环境污染责任保险、新能源汽车保险、农业气象指数保险、绿色建筑性能责任保险等保险产品,提升绿色产业保险服务水平。引导在杭保险机构完善绿色保险考核激励办法,探索差别化保险费率机制,提升对绿色低碳经济活动的风险保障能力。

(六)激发融资担保行业活力

加快政府性融资担保机构体系改革,组建市融资担保集团公司。支持政府性融资担保机构突出绿色定位,持续加大对绿色小微企业和绿色“三农”担保业务的支持力度,按照不高于上年度日均担保余额 0.5% 的比例给予补贴,费率原则上不超过 1%,到 2025 年力争为小微企业和"三农"提供融资担保 350 亿元,其中信用担保比例不低于 90%。推广对绿色产业"见贷即保"的批量担保模式。

(七)完善绿色金融基础设施

依托省企业信用信息服务平台、杭州金融综合服务平台等,建立数字化碳信息共享机制,开展"碳账户金融"等应用场景建设,推动绿色低碳投融资精准对接。支持金融机构集聚发展后台数据中心、金融服务中心,进行营业场所、业务流程等方面绿色低碳改造。加强央地金融监管部门的交流合作,完善绿色金融统计体系。加快完善绿色信用评价体制机制,构建绿色征信体系。积极发展移动支付、跨境支付,深入建设全球移动支付之城。建立重点领域碳排放重点企事业单位碳账户体系,到 2025 年实现排污许可证重点管理企业全覆盖。

(八)健全绿色金融服务体系

围绕绿色专营机构建设,鼓励发展绿色专营支行、绿色金融事业部、绿色产品创新实验室、绿色金融研究院。建设高资质绿色金融专业中介服务体系,拓展绿色认证、碳排放核算、环境咨询、环境风险评估等服务。探索制定绿色金融人才认定标准,强化与浙江大学等在杭高校的合作,培养一批绿色金融复合型人才。切实发挥市金融顾问团作用,扩大绿色金融相关政策宣传和绿色金融产品推广面。

(九)深化绿色金融改革创新

积极争创国家级科创金融改革实验区,围绕碳排放权、用能权、排污权、产权、技术等要素,推进股债联动,打造绿色科创企业金融服务体系。大力推进数字人民币试点,为亚运会提供绿色高效的支付结算服务。稳妥推进杭州金融科技创新监管试点,优先支持绿色金融科技创新监管试点项目。建立淳安特别生态功能区绿色金融、金融支持西部山区县共同富裕试点联系工作机制,助力开辟生态价值高水平转化新路径。

（十）加强绿色金融风险管理

健全绿色金融监测预警机制，防止出现项目杠杆率过高、资本空转和"洗绿"等问题。建立金融市场环境、社会、治理（ESG）信息披露机制，开展气候风险分析和环境压力测试，力争实现全市法人金融机构环境信息披露全覆盖。推动金融机构进行绿色资产风险分类管理，在贷款额度测算、利率定价等投资决策流程中全面嵌入 ESG 评价。探索建设绿色金融案件数智化、"绿色通道"等快速司法处置机制。推进绿色金融行业自律管理。

（十一）巩固行业长效发展机制

推动建设绿色金融专家智库组织。鼓励金融机构加强与实验室、科研机构、高等院校的业务合作，推进绿色金融产学研一体化建设。扩大杭州都市圈、结对帮扶区域范围内的绿色金融协作。增进与世界银行、亚洲开发银行等国际金融组织的交流合作。

三、保障措施

（一）加强组织推动

市地方金融监管局会同人行杭州中心支行、浙江银保监局、浙江证监局、市有关部门建立绿色金融议事协调机制，认真落实工作任务。建立健全绿色金融政策体系，加强金融政策、财政政策、产业政策、环保政策之间的协同配合，最大化发挥金融资源支持成效。

（二）加强评价激励

动态跟踪区县（市）、金融机构绿色金融工作进展，在相关办法中提高金融支持碳达峰碳中和评价评分权重，将评价结果作为全市金融工作评先评优、财政资金竞争性存放、金融人才评定等工作的重要依据。鼓励有条件的区县（市）配套给予财政贴息、风险补偿、财政奖励，激励各类金融市场主体参与支持绿色低碳领域。

(三)加强宣传引导

运用好传统媒体和新媒体加大绿色金融宣传力度,浓厚全市绿色低碳发展氛围。建立绿色金融创新案例定期征集和评选机制,对外宣传和推介杭州优秀成果和经验做法。举办高水平绿色金融论坛峰会,研究发布绿色金融综合评价指数、绿色金融综合发展报告,不断提高杭州绿色金融知名度。

中国人民银行杭州中心支行 浙江省商务厅 关于印发《2022年浙江省跨境人民币 "首办户"拓展行动方案》的通知

杭银发〔2022〕31号

人民银行各市中心支行、杭州市辖各支行,各市、县(市、区)商务局,国家开发银行浙江省分行,各政策性银行浙江省分行,各国有商业银行浙江省分行,浙商银行,浙江省农村信用社联合社,交通银行浙江省分行,各股份制商业银行杭州分行,邮政储蓄银行浙江省分行,杭州银行,浙江网商银行,各城市商业银行杭州分行,杭州联合银行,各外资银行杭州分行:

为贯彻落实党中央、国务院关于扎实做好"六稳"工作、全面落实"六保"任务的决策部署,推动形成以国内大循环为主体、国内国际双循环相互促进的新发展格局,进一步发挥跨境人民币业务服务实体经济、促进贸易投资便利化的作用,现将《2022年浙江省跨境人民币"首办户"拓展行动方案》(见附件)印发给你们,请认真贯彻落实。

附件:2022年浙江省跨境人民币"首办户"拓展行动方案

中国人民银行杭州中心支行

浙江省商务厅

2022年3月9日

2022 年浙江省跨境人民币"首办户"
拓展行动方案

为深入贯彻稳外贸、稳外资的总体要求,推动形成以国内大循环为主体、国内国际双循环相互促进的新发展格局,进一步发挥跨境人民币业务服务实体经济、促进贸易投资便利化的作用,结合浙江实际,特制定本行动方案。

一、工作目标

支持浙江开放型经济高质量发展,深入推进自贸试验区建设,进一步提升涉外企业金融服务水平,按照"本币优先、服务实体、部门协同、市场自愿"的总体思路,充分发挥本币避险优势,推动全省跨境人民币业务持续增长,跨境人民币业务量在国际收支的比重较上年有所提升,跨境人民币政策惠及的企业数量较上年有显著提升。

(一)扩面增量

推动 2022 年全省跨境人民币结算新增企业数 3000 户,力争结算量超过 12000 亿元,自贸试验区跨境人民币结算量突破 9000 亿元。

(二)聚焦重点

突出自贸试验区引领带动作用,聚焦新型离岸国际贸易等贸易新业态开展业务创新。有效扩大对外经贸产业园区、对外承包工程、对台等重点领域和东盟、共建"一带一路"国家等重点区域使用人民币结算。

（三）提升服务

扩大贸易投资便利化优质企业名单，支持使用电子化单证审核业务真实性。提升人民币跨境收付信息管理系统（RCPMIS）数据的及时性、准确性、完整性，确保及时率保持全国领先。

二、基本原则

（一）坚持市场化、商业化

尊重市场主体的币种选择意愿，以市场需求为导向，按照商业可持续原则，银企双方自主协商、平等合作。在推动"首办户"开展跨境人民币业务的同时，防范潜在金融风险。

（二）坚持部门合作、高效协同

发挥政策合力，各部门按照职责分工，深入推进信息共享和政策协调，齐推共促，实现金融、产业等政策高效协同。

（三）坚持因地制宜、分类施策

鼓励各地结合当地实际，自主确定"首办户"金融服务的重点行业和重点群体，提供个性化、差异化政策支持和金融服务，为外贸企业量身定制金融产品和服务。

三、主要举措

（一）建立"首办户"清单

各级人民银行要与商务部门建立数据共享机制，通过海关进出口、商务对外投资信息、国际收支结算数据与跨境人民币收付信息管理系统数据进行比对，筛选出未使用跨境人民币结算的企业，并推送给各金融机构，金融机构依据展业三原则建立"首办户"清单。

(二)加强跨部门协作和联动

各级人民银行要加强与商务等部门的联动,通过联合调研、政策宣传、召开银企对接会等方式,推动自贸试验区、境外工业园等重点区域以及贸易新业态、对外承包工程、对台等重点领域的跨境人民币使用增量扩面。各商务部门要在外贸主体经营者备案、外商投资信息报告、利润再投资等环节宣传跨境人民币政策。各金融机构要完善内部绩效考核激励机制,增加"首办户"拓展工作考核权重,在基层设立线下"首办户"服务站点,激发基层从业人员开展"首办户"业务的积极性。

(三)实施更高水平的贸易投资便利化

对商务部门推荐和外汇管理部门评定的A类企业,在首次办理跨境人民币业务时,银行可以在展业三原则下优先将其列入"新办跨境人民币优质企业"名单库,凭优质企业提交的《跨境人民币结算收/付款说明》或收付款指令,直接为企业办理货物贸易、服务贸易跨境人民币结算以及资本项目人民币收入(包括外商直接投资资本金、跨境融资及境外上市募集资金调回等)在境内的依法合规使用。

(四)开展"暖心服务送企业"专项行动

各级人民银行、商务部门要加强银企对接,做到定岗明责,开展涉外形势宣讲、政策普及、产品推介等活动,组织业务骨干进行"点对点"精准服务,通过入户走访开展"面对面"政策传导和"一对一"服务对接,切实站在企业的角度帮助其分析使用跨境人民币政策的优势,持续培养企业树立跨境结算"本币优先"的理念。

(五)鼓励金融机构创新业务服务模式

各级人民银行要指导金融机构加强与"一带一路"沿线境外分支机构联动,整合各类金融资源,通过提供投、贷、债、租等综合金融服务,支持企业开展海外并购、投融资业务。鼓励金融机构与合法转接清算机构、非银行支付机构合作,为跨境电子商务企业提供跨境人民币收付服务。

四、工作要求

(一)高度重视、加强协作

各级人民银行、商务部门和金融机构要高度重视跨境人民币"首办户"拓展工作。各级人民银行、商务部门要建立合作机制,组织相关部门定期交流商讨,制定细化举措,确保政策高效协同,工作落实落细。各金融机构要加强系统内组织领导,建立专项工作机制,层层压实责任,确保"首办户"拓展工作传导至基层经营机构。

(二)强化考核,压实责任

各级人民银行要加强工作信息交流,将金融机构工作推动情况作为跨境人民币业务考核评估、金融机构年度综合评价等重要依据之一,对工作成效显著的金融机构予以表彰。各金融机构要明确"首办户"拓展年度目标,完善内部绩效考核激励机制,增加"首办户"拓展工作考核权重。鼓励建立专门的"首办户"拓展团队,实施"首办户"拓展专项绩效奖励,激发基层从业人员业务开展积极性。

(三)广泛宣传,营造氛围

各金融机构要研究、制定宣传方案,充分运用各类媒体工具,结合日常工作积极开展各类跨境人民币主题宣传活动,提高"首办户"拓展成功率和覆盖面。要及时向人行杭州中心支行上报进展动态和工作成效,积极推广好经验、好做法、好模式,提高政策知晓度和影响力。

中国人民银行杭州中心支行 浙江省市场监管局 关于开展全省小微企业和个体工商户信用 融资破难行动的通知

杭银发〔2022〕32 号

人民银行各市中心支行、杭州市辖各支行，各市、县（市、区）市场监管局，各有关金融机构：

小微企业和个体工商户是浙江经济的"基本盘"、创业创新的"主力军"，是促进"扩中""提低"实现共同富裕的重要组成部分。为贯彻落实《国务院办公厅关于印发加强信用信息共享应用 促进中小微企业融资实施方案的通知》（国办发〔2021〕52 号），助力小微企业和个体工商户发展，人行杭州中心支行、省市场监管局决定在全省开展小微企业和个体工商户信用融资破难行动，进一步推进"贷款码"应用，深化小微融资增信服务，提升小微企业和个体工商户融资获得感和满意度。有关事项通知如下。

一、总体要求

以习近平新时代中国特色社会主义思想为指导，深入贯彻党的十九大和十九届历次全会以及省委十四届七次、八次、九次、十次全会精神，忠实践行"八八战略"、奋力打造"重要窗口"。坚持需求导向、问题导向、效果导向、目标导向，坚持数字化改革理念，加强信用信息共享应用，创新优化融资模式，强化金融科技赋能，进一步细化实化中小微企业金融服务能力提升工程，提升信用贷款可得性，争取形成一批具有全国引领性、浙江辨识度的标志性成果，为浙江省高质量发展建设共同富裕示范区、争创社会主义现代化先行省提供有力支撑。

二、主要目标

2022 年,全省部署开展小微企业和个体工商户信用融资破难行动,推动企业和个体工商户融资更加便捷,力争全年新增小微企业贷款 5500 亿元,个体工商户经营性贷款 2000 亿元。探索建立市场化的小微企业和个体工商户信用贷款评价体系,为银行信用贷款提供参考。力争全年新增小微企业信用贷款 1000 亿元,个体工商户经营性信用贷款 600 亿元。

到 2025 年底,小微企业和个体工商户信用融资获得感、满意度明显提升,金融产品体系更加丰富,市场化征信服务转型升级取得明显进展。

三、基本原则

(一)惠及小微、助力发展

以促进经济高质量发展为目标,聚焦小微企业和个体工商户信用贷款的痛点、堵点、难点予以重点突破,助力转型升级、持续发展。

(二)市场主导、政府引导

正确处理政府与市场的关系,尊重市场规律,发挥市场在金融资源配置中的决定性作用。更好发挥政府在统筹规划、组织协调、均衡布局、政策扶持、制度建设、平台搭建等方面的引导作用。

(三)数字智治、创新应用

坚持数字化改革理念,运用数字化手段推动业务协同、数据集成、资源共享。充分运用大数据等技术,完善信用评价体系,引导金融机构推进金融产品和服务方式创新,提升小微金融服务能力。

(四)防控风险、保护权益

坚持风险管理和创新探索并行,提升风险防范能力。加强信息安全保护,维护市场主体合法权益。

四、主要工作

(一)完善系统建设,实现数字应用多跨协同

1.推动系统平台多跨协同。省市场监管局和人行杭州中心支行强化平台多跨协同、数字赋能,充分挖掘利用小微企业和个体工商户(以下统称小微主体)政府侧信用信息,依托"浙江小微增信服务平台"(以下简称增信服务平台)和"浙江省企业信用信息服务平台",以"贷款码"为抓手,实现信息采集、信用融资申请、信息主体授权、信用信息共享、金融机构融资对接的全流程服务,进一步拓宽线上线下扫码渠道和场景,优化小微金融服务。

2.健全小微主体信用信息。省市场监管局推动小微主体信用信息数据高效共享,通过省大数据局向多部门归集增信服务平台所需的政府侧数据,并应用于小微融资增信服务。畅通"自主增信"渠道,支持小微主体主动填报资质信息、上传佐证材料。

3.加强获贷主体风险监测。加强对获贷企业经营情况的动态监测,基于政府侧数据建设风险监测体系,分析研判企业风险,帮助商业银行动态跟踪主体变化情况,提升贷款投放的持续性、稳定性和风险可控性。

(二)深化信息服务,推动小微信用融资服务创新

1.创新小微主体信用评价模式。基于增信服务平台信息数据,建立风险规则引擎,对扫码主体分类管理,实现小微企业信用精准画像,有效识别并排除高风险主体。支持有意愿、有能力的商业银行基于"贷款码"融资通道,充分利用增信服务平台信息数据,结合自身业务特点、风控要求和市场定位,按照"一行一模型"原则,构建差异化信用评价模型,充分利用信用评价结果,提升小微贷款审批效率,扩大信用贷款投放。

2.探索小微主体融资便利化举措。将知识产权、放心消费、阳光厨房、守合同重信用、信用管理示范户、小微企业"成长之星"等小微主体纳入"白名单"。指导金融机构加大支持力度,严格落实"135"融资响应工作要求,对信用良好的小微主体在融资上给予重点支持。支持部分参与银行探索

开展个体工商户"信用秒贷",针对个体工商户扫码需求,通过"贷款码"快速向扫码主体反馈授信金额、期限和利率等信息,并按自愿原则引导扫码主体进入银行自有渠道完成信用贷款线上发放。

3.开展第三方征信服务试点。支持有专业能力、有技术基础的征信机构申请接入增信服务平台,利用在大数据、人工智能、隐私计算、风控建模等方面的技术优势,充分挖掘小微主体信息价值,提供信用评分、信用评价等市场化第三方征信服务,推动数字科技赋能,实现信用普惠。

(三)加大政策支持,营造小微金融服务良好氛围

1.加大央行货币政策支持。综合运用央行再贷款再贴现等货币政策工具和金融市场工具,引导金融机构持续加大小微主体的信贷投放。将普惠小微企业贷款延期还本付息支持工具转换为普惠小微贷款支持工具,普惠小微信用贷款支持计划纳入支农支小再贷款管理,继续加大金融支持小微主体力度,促进小微融资量增、面扩、价降。

2.优化小微金融供给结构。持续加大小微主体首贷、续贷、信用贷款支持力度,推广主动授信、随借随还贷款模式。指导金融机构主动对接无贷户"两张名单",优先向信用良好、经营正常、有融资需求的无贷户提供首贷支持。对于信用良好、生产经营正常且发展前景较好的小微主体,鼓励金融机构发放免抵押、免担保的纯信用贷款。加大动产融资统一登记公示系统应用,推广应收账款融资服务平台,发掘小微主体动产潜能。

3.健全小微贷款风险分担机制。完善银担合作机制,充分发挥政府性融资担保的风险分担及资金撬动作用,鼓励创新符合小微主体融资需求的特色担保产品和合作模式。推动商业银行对政府性融资担保机构担保的小微主体贷款给予优惠利率,简化贷款流程,提升服务质效。

五、保障措施

(一)加强组织协调

用好"小微企业三年成长计划"、扶持个体工商户发展工作联席会议等工作机制,加强协商研讨,制定政策举措,形成工作合力。各级人民银行要加大工作推进力度,指导金融机构切实落实小微企业和个体工商户信用融资破难行动要求,对有关金融机构和征信机构依法依规进行监督管理,确保工作落实落细。各级市场监管部门要进一步下沉服务重心,及时了解小微主体经营现状、融资需求,面向小微主体加大宣传推广力度。

(二)加强信息安全保障

省市场监管局、人行杭州中心支行及相关参与机构建立完善信息安全管理制度,强化信息安全技术保障。按照国家有关规定和法律法规,对经由服务平台提供的信息数据,市场主体有权免费查询其自身所有信息;对涉及商业秘密等不宜公开的信息,需经市场主体授权后提供数据查询、核验等服务。

(三)加大政策支持

各级人民银行和市场监管部门要积极推动地方政府对信用持续良好但生产经营暂时面临困难的民生领域服务型中小企业,采用专项扶助、贷款贴息、融资担保等方式给予针对性支持,强化政策协同。

(四)加大宣传引导

各级人民银行和市场监管部门要充分利用数字化平台和主流媒体,通过办公和营业场所、网站、微信公众号等多种形式,加大政策宣传和解读,积极总结推广好经验、好做法、好模式,提高政策知晓度和影响力。强化正面引导,形成政府主导、部门协同、企业参与、行业自律、社会共治的良好氛围。

(五)强化考核激励

建立小微企业和个体工商户信用融资破难行动评价机制,省市场监管局将各地推进情况纳入小微企业三年成长计划工作考核,对工作推进力度大、成效明显的地方实施"真抓实干"正向激励;人行杭州中心支行对各级人民银行工作推进情况进行考核,并将各金融机构工作推进情况与小微企业信贷政策导向效果评估、金融机构年度综合评价、央行政策工具运用等衔接,择优加大政策激励力度。

中国人民银行杭州中心支行

浙江省市场监管局

2022 年 3 月 18 日

中国人民银行杭州中心支行 中国银保监会浙江监管局 浙江省文化和旅游厅关于做好金融支持文化和旅游业纾困发展的通知

杭银发〔2022〕90号

为全面贯彻党中央、国务院和省委、省政府关于稳住经济的决策部署，深入落实《中国人民银行 国家外汇管理局关于做好疫情防控和经济社会发展金融服务的通知》（银发〔2022〕92号）、《浙江省人民政府关于印发浙江省贯彻落实国务院扎实稳住经济一揽子政策措施实施方案的通知》（浙政发〔2022〕14号）等政策精神，进一步做好文化和旅游行业的金融纾困帮扶工作，现将有关事项通知如下。

一、明确金融支持对象

旅行社、星级饭店、A级景区、文化和旅游小镇、乡村旅游及民宿（主题酒店）经营单位、旅游商品和文创企业、动漫游戏企业、互联网上网服务营业场所、文化娱乐场所、文化产业示范基地（园区）、各类"文旅＋"产业融合示范基地、旅游度假区、"一带一路"国际合作重点企业、文化和旅游领域梯度培育企业、大型文旅企业集团、山区26县文化和旅游企业、文化和旅游类"4＋1"重大项目等。

二、加大金融支持力度

（一）强化央行政策工具支持

各级人民银行要发挥再贷款、再贴现在引导信贷投向中的作用，推动金融机构加大对文化和旅游行业的信贷投放。要用好普惠小微贷款支持工具,将对地方法人金融机构普惠小微贷款支持工具的激励资金比例由1‰提高至2‰,鼓励金融机构对符合条件的文化和旅游小微主体增加首贷、信用贷支持。

(二)精准服务受困市场主体

各级文化和旅游部门要动态摸排受疫情影响较大的文化和旅游市场主体的融资需求,遴选一批信用好、符合条件的市场主体并建立重点纾困帮扶清单,向当地人民银行及时推送。鼓励各地组织开展多种形式的政银企对接活动,推动融资精准高效对接。

(三)持续提升金融服务质效

各金融机构要建立文化和旅游市场主体金融服务应急响应机制,积极对接、有效满足受困主体的合理融资需求。以深化落实"三张清单"为抓手,推动"减环节、减时间、减材料",开通快速审批通道,精简审批程序。加大"贷款码"、省金融综合服务平台宣传推广力度,落实贷款限时办结机制,优化线上高效对接,提升信贷获得感。对因疫情影响导致还款暂时困难的文化和旅游市场主体,要视情况合理给予贷款延期、展期或续贷安排,不得盲目抽贷、断贷、压贷,不得随意下调企业信用等级和授信额度。

(四)主动提供差异化金融产品

各金融机构要针对不同文化和旅游市场主体的特点,运用金融科技,创新场景化服务模式,为符合条件的市场主体发放信用贷款。要发挥动产和权利担保统一登记平台作用,充分盘活知识产权、景区收费权、项目收益权等各类无形资产,创新动产质押贷款产品。推广主动授信、随借随还贷款模式,更好满足文化和旅游领域小微主体的用款需求。鼓励政府性融资担保机构为文化和旅游领域小微主体提供融资增信支持,开展批量担保业务,推行"见贷即保",提升文化和旅游领域小微主体的融资能力。

（五）加大对文化和旅游类"4＋1"重大项目的支持力度

各金融机构要积极对接"四条诗路"文化带、十大海岛公园、百张文旅金名片等项目建设，建立金融服务保障机制，定制差异化融资方案，加大金融支持力度。加强"项目＋企业"服务模式应用，以文化和旅游类"4＋1"重大项目为中心，延伸文化旅游产业链，为相关企业提供金融支持。

（六）支持符合条件的文化和旅游企业发行债务融资工具

支持符合条件的文化和旅游企业发行中期票据等长期限债券品种，为文化和旅游企业提供长期、稳定的资金来源。推动信用风险缓释凭证和担保增信等模式，为文化和旅游企业发债建立市场化的风险分担机制，提高市场主体投资认购动力。

（七）加强与文化和旅游相关产业发展基金联动

各金融机构要积极探索与文化和旅游相关产业发展基金的合作模式，通过投贷联动等方式，加大对文化旅游项目和企业的支持。各级文化和旅游部门要支持金融机构通过联动出资、基金托管等方式，参与文化和旅游相关产业发展基金的运作。

（八）做好文化和旅游市场主体减费让利工作

充分发挥贷款市场报价利率（LPR）对贷款利率的引导作用，调整内部资金转移价格，给予符合条件的文化和旅游市场主体利率优惠。各金融机构要落实降低支付手续费政策，降低符合条件的文化和旅游市场主体银行账户服务、转账汇款、银行卡刷卡等手续费。

三、加强组织保障

（一）加强工作联动

人行杭州中心支行、浙江银保监局、省文化和旅游厅建立工作联动机制,组织实施金融支持全省文旅产业发展相关工作。各级人民银行与当地银保监部门、文化和旅游部门建立横向联系机制,适时开展政银企融资对接活动,稳妥推进相关工作。

(二)建立纾困名单

各级文化和旅游部门要主动与当地人民银行、银保监部门对接,开展"助企纾困服务行"活动,及时了解文化旅游企业融资需求,并于 7 月 15 日前将需求情况表报送至省文化和旅游厅产业发展处。

(三)做好服务保障

各级人民银行会同当地银保监部门组织金融机构做好融资对接工作,及时协调解决文化和旅游市场主体在申请金融服务过程中遇到的问题,并定期向当地文化和旅游部门共享融资对接信息。各金融机构要加强金融惠企政策宣传,确保政策及时惠及市场主体。

中国人民银行杭州中心支行

中国银保监会浙江监管局

浙江省文化和旅游厅

2022 年 7 月 7 日

中国银行保险监督管理委员会浙江监管局 浙江省发展和改革委员会 浙江省经济 和信息化厅 浙江省财政厅 浙江省商务厅 浙江省地方金融监督管理局关于建设完善 "双保"助力融资支持机制的通知

浙银保监发〔2022〕41号

各银保监分局,各市、县(市、区)发改局、经信局、财政局、商务局、地方金融工作部门,各政策性银行浙江省分行,各大型银行浙江省分行,各股份制商业银行杭州分行,杭州银行、各城市商业银行杭州分行,浙江网商银行,浙江省农信联社、杭州辖内各农村中小金融机构,杭州辖内各非银行金融机构,省银行业协会,省担保集团:

"双保"(保就业、保市场主体)应急融资机制实施以来,有力支持了一批受疫情等因素影响经营困难的企业,帮助稳定员工就业、保存生产能力。在疫情防控常态化形势下,为贯彻落实《关于金融支持激发市场主体活力的意见》(浙政办发〔2022〕10号),进一步稳定融资预期,激发市场主体活力,助力创新发展,决定迭代升级"双保"应急融资机制,建设"双保"助力融资支持机制。现将有关要求通知如下。

一、总体目标

聚焦保稳定、助发展,发挥政银企协同联动优势,对前景良好但缺乏资金的企业,增加银行信贷支持。突出产业政策导向,优化财政和金融相互支持工作机制,推进常态化的"双保"助力融资机制,拓宽服务覆盖面,帮助企业稳定经营和创新发展,促进金融更好服务"六稳""六保",支持经济稳进提质。

二、支持对象

围绕化解存量风险、提供增量支持，"双保"助力融资机制重点支持以下三类企业：

1. 短期经营困难但市场前景良好的企业；

2. 经营状况良好但因缺少抵质押物或担保等原因，无法获得有效融资支持发展的企业；

3. 处于国家和地方产业政策支持鼓励的产业，有针对性扶持政策但现有信贷政策和风控规则下，银行难以予以融资支持的企业。

同时需符合以下条件：企业主要经营人员信用记录良好，无不良行为；企业纳税正常、信用记录良好；属于中小微企业（含个体工商户和小微企业主），按现行《中小企业划型标准规定》执行；不包括地方政府融资平台和房地产开发企业。

三、支持模式

（一）政府性融资担保支持模式

通过国家、省级、市县三级联动的政府性融资担保风险分担机制，省担保集团与省级银行机构、法人银行机构开展"总对总"合作，发挥为市级担保机构"增信分险"作用，创新批量化担保业务模式，支持银行向符合条件的企业发放担保贷款。

（二）金融与产业政策协同支持模式

银行机构依托近三年新上规并在库企业、省"专精特新"中小企业、省隐形冠军企业、国家专精特新"小巨人"企业、单项冠军企业、亩均效益综合评价 A 类企业名单等政府产业政策扶持企业名单，实施企业清单制管理，建立专项信贷政策安排，包括降低授信准入门槛、降低内部经济资本占用、降低内部资金转移价格等，为相关符合产业政策导向的中小企业提供贷款支持。金融管理部门与产业部门加强对接联动，及时向银行机构传达产业政策,共享有关企业名单。

(三)金融与财政政策协同支持模式

银行机构要充分用好各级政府出台的风险补偿、贷款贴息、财政补贴等支持政策,以相关政策提供的预期现金流为基础,创新推出符合中小企业需求和经营特点的信贷产品,优化审贷流程,提高贷款审批、发放效率,免除反担保要求,为获得相关财政扶持的中小企业提供信贷支持。

四、充分发挥政府性融资担保支撑作用

加强"双保"助力融资三种模式的协同联动,充分发挥政府性融资担保对金融与产业政策协同、金融与财政政策协同模式的支撑作用。在政府性融资担保支持模式下,原则上延续双保"应急"融资机制总体安排。以深化政府性融资担保机构体系改革为契机,各银行机构与政府性融资担保机构要深化银担合作,突出"双保"助力政策导向,健全内部考核激励机制,完善批量化担保业务模式与流程,提高担保贷款的发放效率,推动业务增量扩面。

(一)贷款条件与要求

1.贷款额度。原则上单笔贷款不超过 1000 万元,且单个客户在单个银行的贷款总额不超过 1000 万元。

2.贷款用途与期限。以流动资金贷款为主,可视情况发放不超过 3 年期的中期流动资金贷款。贷款资金要全部用于生产经营活动,不得用于金融投资、理财或其他套利活动。

3.贷款利率。鼓励银行适当降低贷款利率,原则上不高于本行普惠型小微企业贷款平均利率。

4.担保方式。不得设置资产抵(质)押担保(反担保)措施。地方政府性融资担保机构担保费最高不超过 1%,省担保集团实行 0.12% 优惠再担保费率。

(二)风险分担与业务流程

1.风险分担。省担保集团与银行机构建立"总对总"合作关系,参照

"4222"模式完善和落实风险分担机制,即市县担保机构承担 40％的风险,国家融资担保基金、省融资再担保有限公司、合作银行分别承担 20％的风险。

2.担保代偿率安排。担保代偿率上限为 5％。落实浙江省政府性融资担保机构体系改革要求,对已建成一体化市级担保机构的地区,以地市为单位核算担保代偿率。未完成一体化改革的市级担保机构要加快对本地区担保机构的资源统筹,因地制宜合并、控股或参股县级担保机构,尽早实现以地市为单位核算担保代偿率。

3.担保业务流程。业务操作采取批量担保模式。银行机构按照规定的业务条件对项目进行风险识别、评估、审批,承办担保机构对担保贷款项目进行业务合规性审查,不再做重复性尽职调查。简化审核方式,优化审核流程,鼓励银行先放款,承办担保机构业务备案时统一开展合规性审查、统一出具担保函,实现"见贷即保"。

(三)业务支撑

1.名单管理。支持各地市政府性融资担保机构结合地方产业政策导向、政府性融资担保功能定位等,联合地方产业部门,建立符合"双保"助力融资条件的企业名单。对名单内企业,银行机构优先提供融资支持,政府性融资担保机构适用简化担保审核流程。

2.科技赋能。按照数智金融平台整体架构,依托浙江省金融综合服务平台和"数智浙担"应用,实现平台"金融专题库"数据、省内政府性融资担保机构数据的互通,银行机构与担保机构共建共享风控模型和风险评级结果。支持银行机构将担保流程完整嵌入信贷业务办理过程,在线开展数据连通、模型共建、电子保函传递等。

3.申请入口。升级浙江省金融综合服务平台上的"双保"应急融资服务专区,设立"双保"助力融资服务专区,企业可通过专区申请助力贷款。

五、实施要求

(一)各银行机构要建立"双保"助力融资支持专项工作机制,统筹用好政府性融资担保、金融与产业政策协同、金融与财政政策协同三种支持模式，创新产品服务，优化审贷、放贷流程，健全不良贷款快速核销、提高风险容忍度、专项尽职免责、单独绩效考核等方面政策安排。

（二）各银行机构与政府性融资担保机构在原有业务合作基础上，续签"双保"助力融资业务合同，完善支持对象、业务流程、授信额度、风险分担等安排。鼓励银行机构优先与改革进展快、资本金充足、专业能力强的政府性融资担保机构开展业务合作。

（三）省担保集团要加强与国家融担基金合作对接，争取在股权投资、风险分担等方面的倾斜支持，强化对市县担保机构的资源优化统筹，实施省市县担保机构的协同管理。制定"双保"助力融资业务操作指引，明确业务规范、操作流程、风险控制等要求。各市县政府性融资担保机构参照执行，加强与银行机构协同合作，开展批量担保，落实风险分担机制。

（四）各级地方金融监管部门牵头推进全面系统深化政府性融资担保机构体系改革，推动省担保集团、各市县政府性融资担保机构与银行机构开展业务合作。

（五）各级银保监部门负责牵头推进"双保"助力融资支持机制实施，做好各方沟通协调，支持银行机构开展助力融资业务，督促落实工作要求，并跟踪评估政策实施效果。要结合"双保"助力融资业务对服务实体经济的支持作用，适度提高监管容忍度。

中国银行保险监督管理委员会浙江监管局

浙江省发展和改革委员会

浙江省经济和信息化厅

浙江省财政厅

浙江省商务厅

浙江省地方金融监督管理局

2022 年 4 月 21 日

中国银保监会浙江监管局 中国人民银行杭州中心支行关于优化新市民金融服务的通知

浙银保监发〔2022〕94 号

各银保监分局,人民银行各市中心支行、杭州市辖各支行,各政策性银行浙江省分行,各大型银行浙江省分行,浙江农村商业联合银行,各股份制银行杭州分行,杭州银行,各城市商业银行杭州分行,浙江网商银行,杭州辖内各农村中小金融机构,各保险公司,各保险公司省级分公司,各保险专业中介机构,浙江省银行业协会、浙江省保险行业协会:

为贯彻落实《关于加强新市民金融服务工作的通知》(银保监发〔2022〕4 号)有关政策精神,助推浙江省农业转移人口市民化集成改革,提升新市民金融服务获得感,补齐金融服务"短板",现就有关要求通知如下。

一、明确支持对象范围,聚焦重点服务领域

新市民指因本人就业创业、子女上学、投靠子女等原因来到城镇,未获得当地户籍或获得当地户籍不满三年的各类群体,包括但不限于进城务工、创业人员、新就业大中专毕业生等。各银行保险机构要加强与各级新市民主管部门联动,明确新市民身份确认标准,主动对接新市民较为集中的城市、城镇、创业创新基地、工业园区等重点区域,聚焦制造业、建筑业、交通运输业、仓储和邮政业、居民服务业、信息技术服务业等行业,提供专业化、多元化的金融服务。

二、积极转变服务理念,完善新市民金融服务

各银行保险机构要落实普惠金融理念,推进政策、产品、技术、服务等

创新,适应新市民特点需求,推进金融服务均等化,要积极满足新市民就业、住房、创业、教育、医疗、养老等金融需求,提供便捷、阳光的金融服务。根据新市民居住年限、从业类别和职业技能等特点分层分类匹配差异化金融服务。要细化举措,压实工作责任,完善激励约束机制,提高分支机构、人员服务新市民的积极性。支持对吸纳新市民就业的中小微企业、个体工商户、货车司机贷款和受疫情影响严重的新市民个人住房、消费贷款等实施延期还本付息。

三、优化基础金融服务,简化流程降低费用

各银行机构要优化银行账户服务,充分利用个人"开户码"及其他外部有效数据核验客户身份,提升个人银行账户开户审核效率,便利新市民账户业务办理。鼓励银行机构使用个人存量账户作为工资账户,提供跨行代发工资服务,减少新市民开户数量。鼓励优化异地转账结算服务,适当减免跨行转账、跨行代发手续费用,降低新市民金融服务获取成本。鼓励应用移动作业平台,为农民工用工较多的建筑业、制造业企业规范提供金融服务,支持就业单位统一规范提供就职证明,减少需新市民自行提供的证明材料,提升服务体验。

四、创新工资支付产品,保障农民工合法权益

鼓励银行机构积极对接人社部门工资支付监管平台,建立农民工工资专户,通过"互联网＋劳动监察＋金融"手段,打造可监控、可追溯的工资支付管理体系。要积极创新农民工工资支付保障金融产品,为农民工用工较多的企业提供工资款专属金融产品,积极推进农民工工资保函和履约保险,缓解企业保证金占用压力。

五、支持保障性住房建设,满足新市民安居需求

各银行机构要坚持"房子是用来住的,不是用来炒的"定位,紧紧围绕"稳地价、稳房价、稳预期"目标,因城施策执行好差别化住房信贷政策,对

符合购房政策要求且具备购房能力、收入相对稳定的新市民,合理满足其购房信贷需求。在依法合规、风险可控的前提下,运用开发性金融资金优势、联动大中型银行集团资源,加大对公租房、保障性租赁住房、共有产权房等保障性住房的支持力度,增加新市民保障性住房供给。要加强政银合作,为保障性租赁住房建设提供信贷支持、房地产投资信托基金(REITs)及专项债券等综合金融服务。

六、用好央行货币政策工具,加大新市民金融供给

发挥存款准备金、再贷款、普惠小微贷款支持工具等货币政策工具的作用,支持银行机构加大对"新市民"的信贷投放,增加首贷和信用贷。运用交通物流专项再贷款、科技创新再贷款、普惠养老专项再贷款等工具,鼓励银行机构积极满足新市民在工作、生活等方面的金融需求。

七、主动加强金融赋能,助推新市民创业就业

各银行保险机构要积极对接新市民创业经营金融需求,对于经营时间较短、缺乏抵押担保的进城创业人员,探索政、银、担合作,提高金融服务覆盖面和满足度。鼓励对吸纳新市民就业较多的小微企业加大信贷支持和政策性转贷款模式支持,结合带动新市民就业情况,按照市场化原则从贷款额度、利率、期限等方面给予优惠措施。鼓励对职业教育、技能培训等提供融资支持,促进新市民提高技术技能和创业就业能力。鼓励银行保险机构充分发挥资源信息整合优势,为新市民提供信息创业辅导、产品销售等增值延伸服务。

八、下沉保险服务重心,缓解新市民保障难题

各保险公司应进一步下沉客户服务重心,灵活设计符合新市民特点的保险产品,提高新市民健康、养老、意外等保障水平。鼓励与政府相关部门加强协调,开发投保方便、资费灵活、收益稳健的商业养老保险产品,深入推进人才集合年金计划,支持推动为外卖骑手、专车司机等灵活就业人员

提供普惠型商业医疗保险产品和服务,满足新市民多层次多样化健康保障和养老需求。鼓励结合建筑工人、外卖小哥等灵活就业人员保险需求,通过差异化保险方案为用工企业提供安全责任险、团体意外险、雇主责任险、工伤保险、农民工欠薪保险等保险产品,强化新市民综合风险保障。鼓励与货运企业合作,向货车司机提供人身意外险、健康保险;推进同城货运平台企业单险种参加工伤保险。

九、提升理财服务质效,增加新市民资产收益

各银行机构要加大新市民理财服务力度,助力新市民增加财产性收入。积极推进传统存款产品创新,丰富存款产品在期限、利率、流动性等方面的组合,增加新市民储蓄收益。鼓励根据新市民风险偏好、流动性需求、收入来源特征等,探索开发特色化理财产品,提高新市民理财服务的针对性和匹配性,提升新市民理财服务质效。

十、鼓励建设特色化服务渠道,增加新市民归属感

鼓励各银行保险机构通过设立新市民金融服务中心、金融服务专柜等开辟"绿色通道",为新市民灵活提供存款、理财、贷款、信用卡、保险等综合金融服务,贴近新市民需求,提升服务体验。各银行保险机构要推动基层网点积极落实社会责任,为环卫工人、快递员、出租车司机等新市民就业较多的行业提供便民服务,提升新市民工作生活归属感和融入感。

十一、积极应用数字化手段,提高新市民金融服务能力

各银行保险机构要积极推进信息系统改造,增加新市民标识,为客户细分提供科技支撑。要在有效保护个人信息的基础上,依法合规获取征信产品和服务,支持依托"浙里新市民"应用场景建设、浙江省金融综合服务平台功能迭代升级,合法运用新市民社保、公积金等公共数据,综合线上、线下信息,提升新市民信用评价能力。鼓励各银行保险机构开设新市民线上金融服务专区,综合提供存贷款、理财、医疗保险、招工找工、法律援助等

基础金融和生活服务。

十二、加强金融知识宣传教育，提升新市民金融安全意识

各银行保险机构要及时把农民工工资支付保障、创业担保贷款等各项金融扶持政策宣传到位，提高政策知晓度和惠及面。要通过喜闻乐见的方式，向新市民宣讲存款、保险、理财、贷款、征信、人民币使用、账户和银行卡安全等金融产品基础知识和新型金融服务方式，提高新市民科学理财、理性借贷、风险防范、理性维权的金融意识，提升现代金融工具、产品的使用能力。开展金融普法宣传，增强新市民金融安全意识，远离电信网络诈骗、跨境赌博、非法网贷、非法集资等风险。要切实履行金融消费投诉处理主体责任，大力提升投诉处理质效，加强源头性防控和溯源整改，维护新市民金融消费者权益。

十三、加强部门沟通联动，发挥新市民金融帮扶合力

各单位要加强与新市民主管部门对接合作，促进新市民信息共享，破解身份确认难题。积极协调政府性融资担保公司加大产品创新开发力度，为新市民融资增信。各银行保险机构要充分发挥资金、渠道、科技、信息等优势，积极参与各级政府部门针对新市民就业、安居、社保等工作。

中国银保监会浙江监管局

中国人民银行杭州中心支行

2022 年 6 月 1 日

中国银保监会浙江监管局办公室
关于印发浙江银行业保险业适老
金融服务指引的通知

浙银保监办发〔2022〕98 号

各银保监分局,各银行业金融机构,各保险公司,各保险公司省级分公司,
省银行业协会,省保险业协会:

现将《浙江银行业保险业适老金融服务指引》印发给你们,请请认真贯彻
落实。适老金融服务工作开展情况将纳入年度消保监管评价。

中国银保监会浙江监管局办公室

2022 年 7 月 11 日

浙江银行业保险业适老金融服务指引

第一章 总 则

第一条 为融入老年友好型社会建设,更好地为老年人提供金融服务和保障老年消费者合法权益,根据《中共中央 国务院关于加强新时代老龄工作的意见(2021 年 11 月 18 日)》、《中国银保监会办公厅关于银行保险机构切实解决老年人运用智能技术困难的通知》(银保监办发〔2021〕40 号)、《关于印发金融支持高质量发展建设共同富裕示范区实施方案(2021—2025 年)的通知》(浙金管〔2021〕41 号)等文件精神,制定本指引。

第二条 在监管引领和浙江银行业保险业共同努力下,推动老年人传统金融服务方式更完善、适老化智能技术更普及,适老金融产品质量与服务水平不断提升,实现老年人接受金融服务更加安全放心、高效便捷的目标。

第三条 各银行保险机构需充分考虑老年人的身体机能、行动特点、行为习惯等要素,开展适老金融服务,同时加强老年消费者合法权益保护,在高质量发展建设浙江共同富裕示范区中体现老年人普惠性金融服务。加强浙江山区 26 县银行保险机构网点适老设施改造与服务提升,产品、设备、人力等资源适当向山区 26 县倾斜。以金融助力优质养老服务有效供给支持"浙里康养"和未来社区建设,推动老龄产业发展。

第二章 体制机制

第四条 各银行保险机构要建立健全适老金融服务制度体系,包括产品设计开发、设备适老化改造、营销与服务、教育宣传、投诉处理等内容。各项适老金融服务制度可单独建立,也可在其他相关制度中专门体现。

第五条　各银行保险法人机构、省级机构要明确适老金融服务工作的归口管理部门,负责统筹协调各部门、各级机构的适老金融服务工作,全面提升机构适老金融服务水平。

第六条　建立适老金融服务培训机制,明确培训覆盖的人员、开展频度、培训内容。含适老金融服务内容的员工培训每年至少开展一次,并且作为对新员工培训的重要内容,增强员工主动服务老年人的意识。

第七条　各银行保险机构要建立健全适老金融服务考核激励机制,将适老金融服务工作情况纳入分支机构、相关部门与岗位的年度考核内容中量化体现。鼓励银行保险机构阶段性对适老金融服务开展情况进行评价。

第三章　产品与技术改造

第八条　创新适老金融产品。设计开发符合老年人风险承受能力和实际需求的理财、保险等产品。支持发展个人储蓄性养老保险、商业养老保险、商业健康保险、长期护理保险产品和服务,深入推进老年人意外伤害保险,满足老年人多样化、多层次保障需求。

第九条　加强老年消费者适当性管理。为老年人提供针对性的风险测评,对风险认识、风险偏好、风险承受能力开展更为审慎的评估。

进行产品宣传和销售时,遇到较专业的术语,需用通俗易懂的语言加以解释说明。必要时,宜使用较大字体的文字、较慢的语速说明。

第十条　推进客服热线适老化改造。配置老年人专属客服坐席,通过呼入电话号码、身份信息精准识别客户年龄,提供一键转接、呼叫人工或老年人专属菜单等方式,及时为老年人答疑解难。

第十一条　开展智能技术适老化改造和应用推广。

结合客户年龄结构、业务模式,对 App、网站、网点智能机具、便携式终端设备等工具进行适老化改造。有老年人客户的银行保险法人机构的智能技术工具都需推出老年模式。鼓励有条件的分支机构推出区域性的、操控更便利的适老智能技术工具。

适老智能技术工具需符合老年人需求和习惯,主要功能易找、关键信息易懂,操作方便与安全。

充分尊重老年人意愿,鼓励、指导老年人运用智能技术工具办理查询、存折补登、充值缴费、小额取现、基础信息变更等较简单的业务,提高老年人运用智能技术工具的能力。

第四章　网点建设与服务

第十二条　保留和改进传统服务设施配备。尊重老年人的意愿和使用习惯,保留传统的存折、存单、保单、业务凭证等纸质材料。不强制老年人使用智能技术工具办理业务,不违规代客操作。对老年人销售金融产品,需保留线下销售渠道,并严格按照相关规定实施专区"双录"管理。

第十三条　完善适老设施配置。结合老年人高频事项和服务场景,因地制宜对营业网点的设施进行适老化改造,优化网点内外布局,有条件的营业网点可专门设立"爱心窗口"为老年客户优先办理业务,以满足老年人在网点办理业务时的服务需求,提供体现爱心、细心、贴心的适老服务。营业网点需配置老花镜、放大镜、拐杖、爱心座椅等适老服务设施。

提升网点柜面服务水平。适当简化操作流程,完善老年人手写签字的辅助替代服务。在社保卡激活、社保资金发放、养老金领取等特殊时期,灵活安排人力集中办理业务。每年至少进行一次针对老年人突发状况的应急演练。

第十四条　鼓励有条件的银行保险机构建立适老金融服务特色网点。结合当地老年人金融服务需求、周边人群年龄结构、同业机构网点地理分布的情况,探索建立适老金融服务特色网点,配置适老服务专业人员、更为完善的适老设施,提供更优的适老服务。

行业协会可制定适老金融服务网点评价体系,指导特色网点建设,统一发放特色网点标识。

第十五条　推广"六温馨"敬老服务,推行"进门有迎接、需求有了解、等候有关切、到号有提醒、办理有引导、出门有送别"敬老服务倡议。

称呼老年人时需结合当地习俗,灵活使用各种尊称。与老年人沟通,需保持耐心,放慢语速。有条件、有需要的可用方言沟通。

对老年人提供优先服务的同时,做好各类优先服务之间以及优先服务与普通客户服务之间的统筹协调,避免引发其他客户不满。

第十六条　银行保险机构需加强为老年人主动上门服务的意识,对于行动不便、生病住院的老年人提供开销户(卡)、挂失解挂、密码重置、电子银行签约、客户信息变更、保险生存金领取等上门服务。有条件的机构可安排流动服务车、专门机具提供服务。

第五章　教育宣传

第十七条　常态化开展老年人金融知识教育宣传,持续提升老年人金融素养和防范风险的能力。在3·15消费者教育宣传周、6月银行业普及金融知识万里行活动期间、7·8保险公众宣传日、9月金融知识宣传月开展集中宣传。在春节、老年节(重阳节)等重要节点,多形式开展特色教育宣传活动。

第十八条　老年人金融知识教育宣传需紧扣需求、通俗易懂、实用性强。内容包括涉及老年人权益的金融政策、养老保障政策、基础金融知识、消费者权益保护法规及合理维权方式、运用智能技术介绍、防范养老诈骗等。要将防范养老诈骗作为教育宣传的重点,采取以案说法等形式,揭露养老诈骗"套路"手法,帮助老年人提高识骗防骗能力。

积极开展老年人教育宣传需求调研,听取意见建议,适时调整教育宣传内容。

第十九条　丰富教育宣传方式。制作较大字体、页面简单的折页、短视频、漫画、图文等多种形式的宣传物料,选择老年人偏爱的渠道,"线下＋线上"开展宣传。鼓励银行保险机构积极与老年或社区教育机构、养老服务机构合作开发基础金融知识、智能技术应用的培训课程。

通过"请进来＋走出去"的方式,立足网点或到老年人聚集的社区、乡村、养老中心等地方开展专场教育宣传活动,现场发放资料,讲解典型案例,鼓励老年人在智能技术工具上开展体验学习、尝试应用,帮助掌握新技能、适应新潮流、跟上新趋势。

第六章 消费者权益保护

第二十条 落实消费者权益保护审查机制,推出适老新产品和服务,或现有产品和服务的风险特征、违约责任及其他涉及老年人权益的内容发生重大变化时,对设计开发、定价管理、协议制定、营销宣传等环节开展消费者权益保护审查。

第二十一条 积极参与防范养老诈骗工作。加强一线员工反诈技能培训,提高员工反诈识别能力,发现老年人存在被诈骗的可疑情况时,及时作出提醒。积极配合相关职能部门开展打击整治养老诈骗工作,依法协助执法部门进行账户查控、资金止付、案件调查、退赃挽损,维护老年人合法权益。

第二十二条 践行新时代"枫桥经验",畅通投诉渠道,力争老年人投诉"最多说一次"。加大投诉处理力度,对一般投诉,要快速响应、积极化解。遇到难以协商的,积极主动对接当地行业调解组织申请调解。对重大疑难的、群体性的投诉,落实领导包案、安排专岗跟踪处置、相关条线联动配合。

第二十三条 落实溯源整改。定期分析涉及老年人的消费投诉情况,内容包括涉及老年人投诉问题的业务种类与渠道、产品类型、投诉频发原因、整改措施及成效,做到自查自纠。对查实侵害老年人合法权益的问题进行通报问责。

第七章 附 则

第二十四条 本指引由浙江银保监局负责解释。
第二十五条 本指引自印发之日起施行。

附　录

2022 年杭州金融服务业大事记

1 月 27 日,西湖区企业臻镭科技在上交所科创板上市。

2 月 18 日,市政府办公厅印发《关于推进全市融资担保行业持续健康发展的实施意见》。

2 月 24 日,杭州 e 融平台案例被评为第三届"新华信用杯"全国优秀信用案例。

3 月 7 日,余杭区企业华是科技在深交所上市。

3 月 23 日,余杭区企业和顺科技在深交所上市。

3 月 30 日,人民银行杭州中心支行在杭州召开 2022 年浙江省金融机构打击治理电信网络诈骗违法犯罪工作部署暨"百日攻坚"行动总结会议。

3 月 31 日,市地方金融监管局印发《贯彻落实〈浙江省人民政府办公厅关于金融支持激发市场主体活力的意见〉的若干措施》。

4 月 7 日,杭州市银行保险管理服务中心正式成立。

4 月 18 日,浙江农村商业联合银行在杭州正式挂牌成立,为本轮全国农信社改革"第一单"。

4 月 22 日,人民银行杭州中心支行、浙江银保监局联合在杭州召开金融支持疫情防控和经济社会发展暨房地产金融工作专题会议。

4 月 28 日,为迎接和纪念杭州亚运会,中国人民银行正式发行 2022 年第 19 届亚运会金银纪念币。

4 月 29 日,滨江区企业景业智能在上交所科创板上市。

5 月 2 日,临平区企业 SAI.TECH 在美国纳斯达克上市。

5 月 23 日,市地方金融监管局、市财政局联合印发《杭州市政策性融资担保业务保费补贴管理办法》。

5 月 30 日,人民银行杭州中心支行在杭州召开浙江省金融机构负责人会议。

6 月 6 日,西湖区企业铖昌科技在美国纳斯达克上市。

6 月 17 日,市地方金融监管局印发《关于抓好金融支持稳经济促发展工作的通知》。

6 月 17 日,上城区湖滨商圈"数币新体验、精彩惠民生"数字人民币红包体验活动正式启动。

6 月 21 日,人民银行杭州中心支行组织召开 2022 年浙江省银行机构现金管理服务工作电视会议。

6 月 27 日,《2022 杭州独角兽 & 准独角兽企业榜单》显示,蚂蚁集团、连连数字、PingPong、同盾科技等多家金融科技企业入选独角兽(估值 10 亿美元以上)企业。

6 月 30 日,市地方金融监管局、杭州银行保险监督管理办公室联合印发《关于进一步做好金融要素助力经济稳进提质工作的通知》。

7 月 5 日,西湖区企业涂鸦智能-W 在中国香港上市。

7 月 6 日,余杭区企业智云健康在中国香港上市。

7 月 12 日,上城区企业豪微在美国纳斯达克上市。

7 月 20 日,金融委办公室地方协调机制(浙江省)在杭州召开 2022 年第一次会议。

7 月 25 日,拱墅区企业楚环科技在深交所上市。

7 月 29 日,浙江证监局与浙江省人民检察院正式签署《打击证券违法犯罪活动合作备忘录》。

7 月 29 日,滨江区企业晶华微在上交所科创板上市。

8 月 5 日,滨江区企业广立微在深交所上市。

8 月 9 日,人民银行杭州中心支行在杭州召开 2022 年下半年浙江省人民银行工作会议暨外汇管理工作会议。

8 月 15 日,市地方金融监管局印发《杭州市"凤舞九天"三年行动计划》。

8月17日,人民银行杭州中心支行在杭州召开浙江省支付机构监管工作会议。

8月23日,市地方金融监管局印发《杭州市绿色金融支持碳达峰碳中和行动计划》。

8月25日,浙江省金融机构数字化改革建设重大应用部署推进会在杭州召开。

9月1日,滨江区企业朗鸿科技在北交所上市。

9月2日,富阳区企业天铭科技在北交所上市。

9月2日,国家外汇管理局浙江省分局联合省担保集团在杭州召开全省汇率避险工作推进会。

9月28日,余杭区企业承辉国际在港交所上市。

9月29日,杭州银行成功发行总计250亿元的2022年金融债券(第一期)和2022年二级资本债券。

9月29日,滨江区企业零跑汽车在港交所上市。

10月10日,人民银行杭州中心支行会同省发展改革委,在杭州召开设备更新改造贷款工作推进会。

10月13日,余杭区企业慧博云通在深交所上市。

10月17日,富阳区企业润歌互动在港交所上市。

10月28日,人民银行杭州中心支行在杭州召开浙江省数字人民币试点工作运营机构座谈会。

11月4日,浙江省政府在杭州举办"金融支持稳进提质暨2022年银项对接会",达成融资意向超2500亿元。

11月11日,临平区企业子不语在港交所上市。

11月18日,临平区企业天元宠物在深交所上市。

11月18日,西湖区企业中国有赞在港交所上市。

11月21日,中国人民银行总行等八部委联合批复同意杭州创建科创金融改革试验区。

11月25日,人民银行杭州中心支行召开杭州市金融管理服务委员会工作会议。

11 月 25 日,人民银行杭州中心支行会同省工商联共同举办金融赋能民营经济高质量发展"亲清直通车·银企恳谈会"省级专场活动。

11 月 30 日,浙江省金融消费纠纷人民调解委员会举行成立仪式。

11 月 30 日至 12 月 1 日,以"普惠、科创、绿色、开放——金融服务中国式现代化探索"为主题的第四届钱塘江论坛在杭州成功举办。

12 月 12 日,浙江省本外币合一银行结算账户体系扩大试点正式启动。

12 月 23 日,西湖区企业杰华特在上交所科创板上市。

12 月 27 日,全国首单生物医药产业园 REITs、浙江省首单产业园 REITs——华夏杭州和达高科 REIT(基金代码:180103)在深交所成功上市。

12 月 28 日,滨江区企业萤石网络在上交所科创板上市。

12 月 28 日,西湖区企业美登科技在北交所上市。

12 月 29 日,萧山区企业顺发恒业在深交所上市。

2022 年杭州市经济金融主要指标

指标	计量单位	2022 年	同比±%
全市生产总值	亿元	18753	1.5
其中:第三产业	亿元	12787	2
金融业增加值	亿元	2407	7.5
社会融资规模增量	亿元	8699.52	0.1
金融机构本外币存款余额	亿元	69592.03	14
金融机构本外币贷款余额	亿元	62306.3	10.72
证券经营机构代理交易额	万亿元	32.47	0.01
期货经营机构代理交易额	万亿元	66.65	−5.14
在中基协备案的私募基金管理人管理资产规模	亿元	8137.88	−3.84
保费收入	亿元	1076.22	11.06
保险赔付支出	亿元	338.83	7.21
期末境内外上市公司数	家	285	比年初新增 27 家
其中:境内	家	216	比年初新增 16 家
期末小贷公司贷款余额	亿元	107.64	−4.23
期末融资担保余额	亿元	745.2	9.53
期末典当余额	亿元	48.8	17.42

2022 年杭州市金融机构名录

2022 年杭州市银行业金融机构名录

（截至 2022 年 12 月 31 日）

序号	机构类别	机构名称	机构地址
1	政策性银行	国家开发银行浙江省分行	浙江省杭州市上城区城星路 69 号
2	政策性银行	中国进出口银行浙江省分行	浙江省杭州市拱墅区教场路 18 号
3	政策性银行	中国农业发展银行浙江省分行	浙江省杭州市拱墅区建国北路 283 号双牛大厦
4	大型国有商业银行	中国工商银行股份有限公司浙江省分行	浙江省杭州市上城区剧院路 66 号
5	大型国有商业银行	中国农业银行股份有限公司浙江省分行	浙江省杭州市上城区江锦路 100 号
6	大型国有商业银行	中国银行股份有限公司浙江省分行	浙江省杭州市拱墅区武林街道凤起路 321 号
7	大型国有商业银行	中国建设银行股份有限公司浙江省分行	浙江省杭州市上城区四季青街道解放东路 33 号
8	大型国有商业银行	交通银行股份有限公司浙江省分行	浙江省杭州市上城区四季青街道剧院路 1-39 号
9	大型国有商业银行	中国邮政储蓄银行股份有限公司浙江省分行	浙江省杭州市上城区四季青街道五星路 206 号明珠国际商务中心 6 幢
10	股份制商业银行	浙商银行股份有限公司	浙江省杭州市上城区民心路 1 号

序号	机构类别	机构名称	机构地址
11	股份制商业银行	中信银行股份有限公司杭州分行	浙江省杭州市上城区四季青街道解放东路 9 号
12	股份制商业银行	上海浦东发展银行股份有限公司杭州分行	浙江省杭州市上城区湖滨街道延安路 129 号
13	股份制商业银行	华夏银行股份有限公司杭州分行	浙江省杭州市上城区四季青街道香樟街 2 号泛海国际中心 2 幢 2—3 层、21—36 层
14	股份制商业银行	招商银行股份有限公司杭州分行	浙江省杭州市上城区四季青街道富春路 300 号
15	股份制商业银行	广发银行股份有限公司杭州分行	浙江省杭州市拱墅区天水街道延安路 516 号
16	股份制商业银行	平安银行股份有限公司杭州分行	浙江省杭州市上城区四季青街道民心路 280-1 号
17	股份制商业银行	中国民生银行股份有限公司杭州分行	浙江省杭州市上城区四季青街道钱江新城市民街 98 号尊宝大厦金尊 1 层、6—18 层及 36 层
18	股份制商业银行	兴业银行股份有限公司杭州分行	浙江省杭州市拱墅区潮鸣街道庆春路 40 号
19	股份制商业银行	中国光大银行股份有限公司杭州分行	浙江省杭州市拱墅区米市巷街道密渡桥路 1 号浙商时代大厦 1—14 层
20	股份制商业银行	恒丰银行股份有限公司杭州分行	浙江省杭州市拱墅区潮鸣街道建国北路 639 号
21	股份制商业银行	渤海银行股份有限公司杭州分行	浙江省杭州市拱墅区长庆街道体育场路 117 号
22	城市商业银行	杭州银行股份有限公司	浙江省杭州市拱墅区潮鸣街道庆春路 46 号
23	城市商业银行	上海银行股份有限公司杭州分行	浙江省杭州市上城区四季青街道新业路 200 号
24	城市商业银行	宁波银行股份有限公司杭州分行	浙江省杭州市西湖区北山街道保俶路 146 号
25	城市商业银行	北京银行股份有限公司杭州分行	浙江省杭州市上城区四季青街道五星路 66 号
26	城市商业银行	南京银行股份有限公司杭州分行	浙江省杭州市拱墅区天水街道凤起路 432 号金都杰地大厦

续表

序号	机构类别	机构名称	机构地址
27	城市商业银行	江苏银行股份有限公司杭州分行	浙江省杭州市萧山区盈丰街道鸿宁路 1381、1383 号；杭州市萧山区盈丰街道鸿宁路 1379 号 305—306 室；杭州市萧山区盈丰街道新世界翡郦中心 2 幢 601—604 室、701—704 室、801—804 室、901—904 室、1001—1004 室、1101—1104 室、1201—1204 室、1301—1304 室、1401—1404 室、1501— 1504 室
28	城市商业银行	浙江泰隆商业银行股份有限公司杭州分行	浙江省杭州市上城区紫阳街道望江东路 59 号
29	城市商业银行	浙江稠州商业银行股份有限公司杭州分行	浙江省杭州市上城区望江街道富春路 168 号
30	城市商业银行	浙江民泰商业银行股份有限公司杭州分行	浙江省杭州市上城区四季青街道梁祝路 18 号祝锦大厦 C 楼 1—5 层
31	城市商业银行	温州银行股份有限公司杭州分行	浙江省杭州市上城区采荷街道东业路 68 号
32	城市商业银行	台州银行股份有限公司杭州分行	浙江省杭州市上城区四季青街道城星路 59 号 101 室、401 室
33	城市商业银行	金华银行股份有限公司杭州分行	浙江省杭州市西湖区北山街道保俶路 238 号 1 幢
34	城市商业银行	宁波通商银行股份有限公司杭州分行	浙江省杭州市上城区四季青街道景昙路 9 号西子国际中心 103 室
35	城市商业银行	湖州银行股份有限公司杭州分行	浙江省杭州市上城区四季青街道城星路 94、96 号 1 楼，城星国际中心 1 幢 2301 至 2308 室
36	民营银行	浙江网商银行股份有限公司	浙江省杭州市西湖区古荡街道西溪路 556 号阿里中心 D 幢 9 层、E 幢 3—8 层
37	农村中小金融机构	浙江农村商业联合银行股份有限公司	浙江省杭州市上城区秋涛路 660 号
38	农村中小金融机构	杭州联合农村商业银行股份有限公司	浙江省杭州市上城区小营街道建国中路 99 号
39	农村中小金融机构	浙江萧山农村商业银行股份有限公司	浙江省杭州市萧山区城厢街道人民路 258 号

序号	机构类别	机构名称	机构地址
40	农村中小金融机构	浙江杭州余杭农村商业银行股份有限公司	浙江省杭州市临平区南苑街道南大街72号
41	农村中小金融机构	浙江富阳农村商业银行股份有限公司	浙江省杭州市富阳区鹿山街道依江路501号
42	农村中小金融机构	浙江桐庐农村商业银行股份有限公司	浙江省杭州市桐庐县城迎春南路278号
43	农村中小金融机构	浙江临安农村商业银行股份有限公司	浙江省杭州市临安区锦城街道城中街442号
44	农村中小金融机构	浙江建德农村商业银行股份有限公司	浙江省杭州市建德市新安江街道江滨中路176号
45	农村中小金融机构	浙江淳安农村商业银行股份有限公司	浙江省杭州市淳安县千岛湖镇环湖北路369号
46	农村中小金融机构	浙江建德湖商村镇银行股份有限公司	浙江省杭州市建德市新安东路247号
47	农村中小金融机构	浙江桐庐恒丰村镇银行股份有限公司	浙江省杭州市桐庐县城南街道迎春南路86号
48	农村中小金融机构	浙江临安中信村镇银行股份有限公司	浙江省杭州市临安区锦城街道石镜街777号
49	农村中小金融机构	浙江淳安中银富登村镇银行有限责任公司	浙江省杭州市淳安县千岛湖镇新安南路15-51号
50	农村中小金融机构	浙江余杭德商村镇银行股份有限公司	浙江省杭州市临平区塘栖镇广济路273-287号
51	农村中小金融机构	浙江萧山湖商村镇银行股份有限公司	浙江省杭州市萧山区北干街道金城路358号蓝爵国际中心5幢101室
52	农村中小金融机构	浙江富阳恒通村镇银行股份有限公司	浙江省杭州市富阳区富春街道金桥北路8号
53	农村中小金融机构	浙江大同镇桑盈农村资金互助社	浙江省杭州市建德市大同镇永平路153号
54	农村中小金融机构	浙江南浔农商行临安支行	浙江省杭州市临安区锦城街道城中街638号
	农村中小金融机构	浙江南浔农商行富阳支行	浙江省杭州市富阳区富春街道桂花西路97号

续表

序号	机构类别	机构名称	机构地址
55	外资银行	三井住友银行（中国）有限公司杭州分行	浙江省杭州市拱墅区武林街道延安路 385 号杭州嘉里中心 2 幢 5 楼、6 楼 603 室
56	外资银行	东亚银行（中国）有限公司杭州分行	浙江省杭州市上城区四季青街道钱江路 1366 号万象城 2 幢 101-01 室、1701 室、1703-02 室
57	外资银行	汇丰银行（中国）有限公司杭州分行	浙江省杭州市上城区四季青街道钱江路 1366 号万象城 2 幢 2001-01、2001-02、2001-08、2003-02、2003-03 室
58	外资银行	花旗银行（中国）有限公司杭州分行	浙江省杭州市拱墅区武林街道延安路 385 号杭州嘉里中心 2 幢 9 层 903 室单元
59	外资银行	恒生银行（中国）有限公司杭州分行	浙江省杭州市拱墅区武林街道延安路 385 号杭州嘉里中心 2 幢 7 层 701、702 室
60	外资银行	渣打银行（中国）有限公司杭州分行	浙江省杭州市拱墅区武林街道延安路 385 号杭州嘉里中心 2 幢 6 层 604 室
61	外资银行	南洋商业银行（中国）有限公司杭州分行	浙江省杭州市上城区四季青街道钱江新城新业路 200 号华峰国际商务大厦 2201—2204 室、2301—2302 室
62	外资银行	星展银行（中国）有限公司杭州分行	浙江省杭州市西湖区教工路 18 号世贸丽晶城欧美中心 1 号楼 D 区 101、103、105 室及 A 区 1802、1803 室
63	外资银行	大华银行（中国）有限公司杭州分行	浙江省杭州市拱墅区湖墅街道香积寺路 350 号英蓝中心 1 幢第 5 层 501、502 室
64	外资银行	澳大利亚和新西兰银行（中国）有限公司杭州分行	浙江省杭州市西湖区西溪街道教工路 18 号世贸丽晶城欧美中心 1 号楼（C 区）302 室
65	外资银行	三菱日联银行（中国）有限公司杭州分行	浙江省杭州市拱墅区武林街道延安路 385 号杭州嘉里中心 2 幢 10 层 1002、1003、1004 单元
66	外资银行	澳门国际银行股份有限公司杭州分行	浙江省杭州市上城区四季青街道解放东路 41—49 号；市民街 202—212 号；富春路 310—315 号；香樟街 60—74 号（高德置地中心）1 幢 2906 室、2806 室，3 幢 101 室

序号	机构类别	机构名称	机构地址
67	金融资产管理公司	中国华融资产管理股份有限公司浙江省分公司	浙江省杭州市上城区湖滨街道开元路19-1、19-2号
68	金融资产管理公司	中国长城资产管理股份有限公司浙江省分公司	浙江省杭州市上城区湖滨街道邮电路23号浙江长城资产大楼8、9两层及附楼
69	金融资产管理公司	中国东方资产管理股份有限公司浙江省分公司	浙江省杭州市上城区湖滨街道庆春路225号西湖时代广场5楼
70	金融资产管理公司	中国信达资产管理股份有限公司浙江省分公司	浙江省杭州市拱墅区天水街道延安路528号标力大厦B座9、11、12层
71	信托公司	中建投信托股份有限公司	杭州市教工路18号世贸丽晶城欧美中心1号楼（A座）18—19层C、D区
72	信托公司	杭州工商信托股份有限公司	杭州市上城区迪凯国际中心4层、38层、41层
73	信托公司	浙商金汇信托股份有限公司	浙江省杭州市香樟街39号26—28层
74	信托公司	万向信托股份公司	浙江省杭州市拱墅区体育场路429号天和大厦4—6层及9—17层
75	财务公司	万向财务有限公司	浙江省杭州市上城区庆春路225号广厦西湖时代广场7楼
76	财务公司	浙江省能源集团财务有限责任公司	浙江省杭州市拱墅区米市巷街道环城北路华浙广场1号楼9楼（全部）和11楼的A、B、B1、C、C1、G、H、I座
77	财务公司	浙江省交通投资集团财务有限责任公司	浙江省杭州市上城区四季青街道五星路199号明珠国际商务中心2号楼8层
78	财务公司	中国电力财务有限公司浙江分公司	浙江省杭州市上城区市民街219号利有商务大厦C座1801、1802、1803、1805、1806、1807、1808、1809、1810室
79	财务公司	物产中大集团财务有限公司	浙江省杭州市拱墅区天水街道中山北路中大广场A座7楼
80	财务公司	海亮集团财务有限责任公司	浙江省杭州市滨江区滨盛路1508号海亮大厦28楼2811—2819室
81	财务公司	杭州锦江集团财务有限责任公司	浙江省杭州市拱墅区米市巷街道湖墅南路111号杭州锦江大厦20楼

续表

序号	机构类别	机构名称	机构地址
82	财务公司	传化集团财务有限公司	浙江省杭州市萧山区宁围街道民和路939 号浙江商会大厦 2 幢 5 层
83	金融租赁公司	华融金融租赁股份有限公司	浙江省杭州市上城区四季青街道江锦路60 号—96 号祝锦大厦 B 楼 13—22 层
84	汽车金融公司	裕隆汽车金融（中国）有限公司	浙江省杭州市萧山区萧山经济技术开发区东方世纪中心 1301—1305 室
85	消费金融公司	杭银消费金融股份有限公司	浙江省杭州市拱墅区潮鸣街道庆春路38 号 8 层（801、802、803、804 室）、9 层、11 层(1101,1102 室)
86	商业银行理财子公司	杭银理财有限责任公司	浙江省杭州市拱墅区潮鸣街道庆春路38 号金龙财富中心 6 层、18 层

2022 年杭州市保险机构名录

（截至 2022 年 12 月 31 日）

序号	机构类别	机构名称	机构地址
1	财险公司	中国人民财产保险股份有限公司浙江省分公司	浙江省杭州市上城区小营街道中河中路66号,中山中路400号,光复路162号
2	财险公司	中国太平洋财产保险股份有限公司浙江分公司	浙江省杭州市西湖区莫干山路501号1—14层
3	财险公司	中国平安财产保险股份有限公司浙江分公司	浙江省杭州市西湖区教工路88号立元大厦7—9楼
4	财险公司	天安财产保险股份有限公司浙江省分公司	浙江省杭州市上城区望江街道望江东路332号望江国际中心C座5层
5	财险公司	史带财产保险股份有限公司浙江分公司	浙江省杭州市拱墅区环城北路208号坤和中心10层04室
6	财险公司	华泰财产保险有限公司浙江省分公司	浙江省杭州市上城区庆春东路66-1号1502室
7	财险公司	中华联合财产保险股份有限公司浙江分公司	浙江省杭州市拱墅区中华保险大厦1201室、1301室、1401室、1501室
8	财险公司	太平财产保险有限公司浙江分公司	浙江省杭州市拱墅区庆春路136号广利大厦15楼、广利大厦7层706室、707室、708室、709室
9	财险公司	中国大地财产保险股份有限公司浙江分公司	浙江省杭州市上城区馆驿后2号万新大厦7,8,11楼
10	财险公司	中国出口信用保险公司浙江分公司	浙江省杭州市上城区庆春东路2-6号金投金融大厦18—20层
11	财险公司	华安财产保险股份有限公司浙江分公司	浙江省杭州市西湖区西溪新座6幢2号门901—912室,4幢4-G01-02
12	财险公司	永安财产保险股份有限公司浙江分公司	浙江省杭州市上城区凤凰城4号1705、1901,1902,1903,1904,1905,1906室
13	财险公司	安邦财产保险股份有限公司浙江分公司	浙江省杭州市下城区杭州市建国北路639号华源大厦19楼
14	财险公司	都邦财产保险股份有限公司浙江分公司	浙江省杭州市拱墅区长庆街道体育场路105号凯喜雅大厦1401、1402、1403、1404室

续表

序号	机构类别	机构名称	机构地址
15	财险公司	安盛天平财产保险股份有限公司浙江分公司	浙江省杭州市拱墅区远洋国际中心 3 号楼 2801 室，2802 室，2803 室，2804 室，2805 室-1
16	财险公司	中银保险有限公司浙江分公司	浙江省杭州市上城区金隆花园南区华顺大厦 6—7 层
17	财险公司	阳光财产保险股份有限公司浙江省分公司	浙江省杭州市上城区中豪五福天地商业中心 1 幢 1901—1904 室
18	财险公司	亚太财产保险有限公司浙江分公司	浙江省杭州市萧山区宁围街道金鸡路 2398 号协和辉丰发展中心 1 幢 3302
19	财险公司	渤海财产保险股份有限公司浙江分公司	浙江省杭州市滨江区江南大道 618 号东冠大厦 702—705 室
20	财险公司	中国人寿财产保险股份有限公司浙江省分公司	浙江省杭州市上城区四季青街道新业路 300 号鸿寿金融中心 1 幢 20 层 2018—2020 室、21—23 层
21	财险公司	安诚财产保险股份有限公司浙江分公司	浙江省杭州市上城区秋涛路 258 号 1 号楼 11 层 1101 号
22	财险公司	永诚财产保险股份有限公司浙江分公司	浙江省杭州市西湖区曙光路 122 号 A 座 11 层 01、03、04、05、06、07、08、09 室
23	财险公司	安信农业保险股份有限公司浙江分公司	浙江省杭州市上城区新塘路 72 号、76-82 号（双号）第 5 层
24	财险公司	浙商财产保险股份有限公司	浙江省杭州市西湖区环城西路 89 号武林大厦 9 层，8 层 803、805 室
25	财险公司	紫金财产保险股份有限公司浙江分公司	浙江省杭州市上城区三新路 37 号写字楼 20 楼 2001—2010 室
26	财险公司	长安责任保险股份有限公司浙江省分公司	浙江省杭州市拱墅区环城北路 169 号汇金国际大厦西 1 幢 10 层 1001、1002 室
27	财险公司	利宝保险有限公司浙江分公司	浙江省杭州市上城区婺江路 217 号 1 号楼 705、707 室
28	财险公司	华农财产保险股份有限公司浙江分公司	浙江省杭州市西湖区西溪新座 5 幢 301 室
29	财险公司	国泰财产保险有限责任公司浙江分公司	浙江省杭州市西湖区西溪路 560 号 5 幢 4 楼 401、402 室

序号	机构类别	机构名称	机构地址
30	财险公司	国任财产保险股份有限公司浙江分公司	浙江省杭州市西湖区莲花街 333 号莲花商务中心 10 楼 1011 室-1、1011 室-2、1011 室-3、1011 室-4、1011 室-5、1011 室-6、1011 室-7、1011 室-8
31	财险公司	爱和谊日生同和财产保险（中国）有限公司浙江分公司	浙江省杭州市拱墅区环城北路 208 号 32 层 01、02 室
32	财险公司	英大泰和财产保险股份有限公司浙江分公司	浙江省杭州市上城区四季青街道市民街 219 号利有商务大厦 1501、1502、1503、1505、1506、1507、1508、1509、1510 室、1605 室和 1708、1710 室
33	财险公司	泰山财产保险股份有限公司浙江分公司	浙江省杭州市钱塘区前进街道江东一路 5000 号诚智商务中心 6 幢 2201、2202 室
34	财险公司	美亚财产保险有限公司浙江分公司	浙江省杭州市上城区富春路 290 号钱江国际广场 3 号楼 602、603 单元
35	财险公司	众诚汽车保险股份有限公司浙江分公司	浙江省杭州市上城区五星路 188 号荣安大厦 1301 室、1302 室-1
36	财险公司	东京海上日动火灾保险（中国）有限公司浙江分公司	浙江省杭州市上城区钱江新城钱江国际时代广场 3 幢 1405 号
37	财险公司	大家财产保险有限责任公司浙江分公司	浙江省杭州市拱墅区建国北路 639 号 19 楼 1902、1903 室
38	财险公司	太平科技保险股份有限公司浙江分公司	浙江省杭州市滨江区长河街道泰安路 239 号 11 层 1103/1104
39	寿险公司	中国人寿保险股份有限公司浙江省分公司	浙江省杭州市上城区四季青街道新业路 300 号鸿寿金融中心 1 幢 1 层（西大厅）、3—4 层、30—42 层
40	寿险公司	中国太平洋人寿保险股份有限公司浙江分公司	浙江省杭州市上城区临江金座 1 号楼 2 层、4—5 层和 13—16 层
41	寿险公司	中国平安人寿保险股份有限公司浙江分公司	浙江省杭州市上城区四季青街道民心路 280 号平安金融中心 1 幢 8 层 801-2 室、16 层、25—26 层
42	寿险公司	泰康人寿保险有限责任公司浙江分公司	浙江省杭州市上城区四季青街道五星路 206 号明珠国际商务中心 4、5 幢 1601—1606 室、1701—1706 室
43	寿险公司	新华人寿保险股份有限公司浙江分公司	浙江省杭州市上城区庆春广场西侧西子国际中心 1 号楼 33—36 层

续表

序号	机构类别	机构名称	机构地址
44	寿险公司	太平人寿保险有限公司浙江分公司	浙江省杭州市上城区城星路 98 号城星国际中心 1 幢 32 层、33 层
45	寿险公司	民生人寿保险股份有限公司浙江分公司	浙江省杭州市拱墅区绍兴路 161 号野风现代中心北楼办公楼 1201、1202 室
46	寿险公司	光大永明人寿保险有限公司浙江分公司	浙江省杭州市拱墅区凤起路 78 号浙金广场附楼 303 室
47	寿险公司	中宏人寿保险有限公司浙江分公司	浙江省杭州市拱墅区庆春路 38 号金龙财富中心 10 层、12 层
48	寿险公司	华泰人寿保险股份有限公司浙江分公司	浙江省杭州市萧山区盈丰街道平澜路 259 号国金中心 1 单元 2301 室
49	寿险公司	安联人寿保险有限公司浙江分公司	浙江省杭州市上城区庆春东路 66-1 号 2101 室-1、2101 室-2
50	寿险公司	中国人民健康保险股份有限公司浙江分公司	浙江省杭州市上城区庆春路 25、27、29 号远洋大厦 18 楼 A 座、19 楼
51	寿险公司	合众人寿保险股份有限公司浙江分公司	浙江省杭州市上城区中河中路 222 号平海国际大厦 15-17 楼
52	寿险公司	中信保诚人寿保险有限公司浙江省分公司	浙江省杭州市上城区高德置地中心 1 幢 3006 室
53	寿险公司	长生人寿保险有限公司浙江分公司	浙江省杭州市上城区庆春东路 1-1 号西子联合大厦 12 楼
54	寿险公司	中国人民人寿保险股份有限公司浙江省分公司	浙江省杭州市上城区小营街道解放路 18 号 401—413 室
55	寿险公司	平安养老保险股份有限公司浙江分公司	浙江省杭州市西湖区文三路 90 号 71 幢 17 楼、9 楼 901、902 室
56	寿险公司	同方全球人寿保险有限公司浙江分公司	浙江省杭州市上城区四季青街道钱江路 1366 号万象城 2 幢 1601 室-1、1901 室
57	寿险公司	富德生命人寿保险股份有限公司浙江分公司	浙江省杭州市上城区四季青街道钱江路 1366 号万象城 2 幢华润大厦 A 座第 23 层 01、02、03、05、06、07、08、09 室和第 25 层 02、03、09 室
58	寿险公司	信泰人寿保险股份有限公司	浙江省杭州市上城区市民街 66 号钱塘航空大厦 1 幢 3103、3105、3106、3107、3301、3302、3602

序号	机构类别	机构名称	机构地址
59	寿险公司	陆家嘴国泰人寿保险有限责任公司浙江分公司	浙江省杭州市上城区香樟路 2 号泛海国际中心 A 座 3 楼 301、302 室
60	寿险公司	中美联泰大都会人寿保险有限公司浙江分公司	浙江省杭州市西湖区万塘路 18 号 3 楼、9 楼 901、905、908 和 14 楼
61	寿险公司	大家人寿保险股份有限公司浙江分公司	浙江省杭州市上城区解放东路 37 号财富金融中心 2 幢 3101—3102、3104—3108 室
62	寿险公司	农银人寿保险股份有限公司浙江分公司	浙江省杭州市西湖区莫干山路 333 号美莱大厦 12 层 1201 室、15 层 1501 至 1506 室
63	寿险公司	招商信诺人寿保险有限公司浙江分公司	浙江省杭州市拱墅区环城北路 208 号坤和中心 19 层 02、03、04 室
64	寿险公司	国华人寿保险股份有限公司浙江分公司	浙江省杭州市上城区市民街 99 号世包大厦 1001、1002、1003、1004、1005、1006 室
65	寿险公司	阳光人寿保险股份有限公司浙江分公司	浙江省杭州市上城区高德置地中心 1 幢 908 室、1008 室-1、1008 室-2、1208 室-5
66	寿险公司	太平养老保险股份有限公司浙江分公司	浙江省杭州市上城区新业路 200 号华峰国际商务大厦 25 楼 2501 室、2502-3 室、2503 室、2504 室
67	寿险公司	瑞泰人寿保险有限公司浙江分公司	浙江省杭州市拱墅区体育场路 105 号凯喜雅大厦 1505—1506 室
68	寿险公司	幸福人寿保险股份有限公司浙江分公司	浙江省杭州市西湖区西溪街道莫干山路 231 号广厦锐明大厦 14 楼
69	寿险公司	大家人寿保险股份有限公司浙江分公司	浙江省杭州市上城区解放东路 37 号财富金融中心 2 幢 3101—3102、3104—3108 室
70	寿险公司	工银安盛人寿保险有限公司浙江分公司	浙江省杭州市拱墅区远洋国际中心 2 号楼 1301—1310 室
71	寿险公司	和谐健康保险股份有限公司浙江分公司	浙江省杭州市西湖区灵隐街道曙光路 15 号 1601 室、17 层 1701、1702、1703、1705 室
72	寿险公司	中邮人寿保险股份有限公司浙江分公司	浙江省杭州市西湖区莫干山路 329 号 1、5、6、7 层，2 楼辅楼 202 室

续表

序号	机构类别	机构名称	机构地址
73	寿险公司	君龙人寿保险有限公司浙江分公司	浙江省杭州市上城区解放东路 45 号高德置地中心 1 幢 1608 室-1、1608 室-2、1608 室-7
74	寿险公司	昆仑健康保险股份有限公司浙江分公司	浙江省杭州市西湖区莫干山路 231 号锐明大厦 1201 室
75	寿险公司	华夏人寿保险股份有限公司浙江分公司	浙江省杭州市上城区四季青街道钱江路 1288 号平安金融中心 3 幢 401 室、2201 室
76	寿险公司	泰康养老保险股份有限公司浙江分公司	浙江省杭州市拱墅区环城北路 165 号汇金国际大厦东 1 幢 7 层 701、702、703、704、705 室及东 2 幢 701、702 室
77	寿险公司	平安健康保险股份有限公司浙江分公司	浙江省杭州市上城区民心路 280 号平安金融中心 1 幢 1801 室-1
78	寿险公司	中韩人寿保险有限公司	浙江省杭州市上城区四季青街道香樟街 39 号国贸金融大厦 21 层
79	寿险公司	百年人寿保险股份有限公司浙江分公司	浙江省杭州市上城区富春路 290 号钱江国际时代广场 3 幢 19 层 1903 室、1904 室，20 层
80	寿险公司	建信人寿保险股份有限公司浙江分公司	浙江省杭州市萧山区盈丰街道市心北路 1681 号利盈大厦 1 幢 1701 室、1702 室、1703 室、1704 室
81	寿险公司	君康人寿保险股份有限公司浙江分公司	浙江省杭州市拱墅区中山北路 611 号地铁商务大厦 7 层
82	寿险公司	中意人寿保险有限公司浙江省分公司	浙江省杭州市拱墅区上塘路 15 号武林时代商务中心 7 层以及 8 层 05、06 室
83	寿险公司	中银三星人寿保险有限公司浙江分公司	浙江省杭州市上城区新业路 8 号华联时代大厦 B 幢 5 层 501 室，11 层 1101、1104 室
84	寿险公司	交银人寿保险有限公司浙江省分公司	浙江省杭州市上城区庆春路 173 号 6 层 607—615、8 层
85	寿险公司	汇丰人寿保险有限公司浙江分公司	浙江省杭州市上城区钱江路 1366 号万象城 2 幢 801 室-07、803 室-07
86	寿险公司	中国人寿养老保险股份有限公司浙江省分公司	浙江省杭州市上城区四季青街道新业路 300 号鸿寿金融中心 1 幢 28 层

2022 年杭州市证券经营机构名录

（截至 2022 年 12 月 31 日）

序号	公司名称	地址	联系方式
1	安信证券股份有限公司浙江分公司	浙江省杭州市江干区万象城 2 幢 2501 室-01、2501 室-09	0571-89801377
2	财通证券股份有限公司杭州分公司	浙江省杭州市西湖区财通双冠大厦东楼 7 层 701、702、703 室	0571-87829819
3	财通证券股份有限公司浙江总部数字分公司	浙江省杭州市西湖区财通双冠大厦东楼 1303 室	0571-87820686
4	财信证券股份有限公司浙江分公司	杭州市拱墅区潮鸣街道庆春路 42 号兴业银行大厦 15A05 室	0571-87679605
5	长城证券股份有限公司浙江分公司	杭州市下城区延安路 385 号杭州嘉里中心 2 幢 904、905 室	0571-89775175
6	长江证券股份有限公司浙江分公司	浙江省杭州市上城区甘水巷 42 号	0571-86658298
7	大同证券有限责任公司浙江分公司	浙江省杭州市西湖区云起中心 1 号楼 201 室	0571-87829819
8	第一创业证券股份有限公司杭州分公司	浙江省杭州市上城区来福士中心 2 幢 1908 室	0571-87789793
9	东北证券股份有限公司浙江分公司	浙江省杭州市江干区高德置地中心 1 号楼 3803—3804 室	0571-85386611
10	东方财富证券股份有限公司浙江分公司	浙江省杭州市拱墅区绍兴路 161 号野风现代中心北楼 303 室、304 室	0571-88409636
11	东莞证券股份有限公司浙江分公司	浙江省杭州市滨江区西兴街道丹枫路 788 号 1 幢 101 室	0571-81391030
12	东海证券股份有限公司杭州分公司	浙江省杭州市西湖区蒋村街道紫霞街 155 号西溪诚品商务中心 6 号楼裙楼 116 室	0571-87666361
13	东吴证券股份有限公司浙江分公司	浙江省杭州市上城区四季青街道新业路 8 号华联时代大厦 B 幢 1601、1604 室	0571-88292923
14	东兴证券股份有限公司杭州分公司	浙江省杭州市江干区来福士中心 2 幢 1301 室	0571-86069139

续表

序号	公司名称	地址	联系方式
15	东亚前海证券有限责任公司浙江第二分公司	浙江省杭州市西湖区玉古路 2 号	0571-89963299
16	东亚前海证券有限责任公司浙江分公司	浙江省杭州市拱墅区萍水街 299 号萍水太合商业中心 7 幢 108、401 室	0571-87760850
17	方正证券股份有限公司浙江分公司	杭州市延安路 398 号二轻大厦 A 楼 11 层	0571-87782598
18	广发证券股份有限公司浙江分公司	浙江省杭州市上城区富春路 290 号钱江国际时代广场 3 幢 3704、3705、3706 室	0571-86560793
19	国盛证券有限责任公司浙江分公司	浙江省杭州市江干区江锦路 159 号平安金融中心 2 幢 12 层 1201-02	0571-56009972
20	国海证券股份有限公司浙江分公司	浙江省杭州市上城区解放东路 45 号高德置地中心 3 幢 101 室 2 层 201-1、201-2 单元	0571-86783695
21	国开证券股份有限公司浙江分公司	浙江省杭州市江干区中天国开大厦 20 层 2011 室-4、2011 室-5、2012 室	0571-88893360
22	国联证券股份有限公司浙江分公司	浙江省杭州市上城区平安金融中心 3 幢 1801 室-06、07，1401 室-04	0571-89776001
23	国融证券股份有限公司浙江分公司	浙江省杭州市上城区大资福庙前 94 号	0571-88078118
24	国泰君安证券股份有限公司浙江分公司	浙江省杭州市上城区新业路 300 号鸿寿金融中心 1 幢 17 层 1701、1702、1703、1704-1、1704-2 室	0571-87044157
25	国新证券股份有限公司浙江分公司	浙江省杭州市西湖区求是路 8 号公元大厦南楼 22 层 2201、2202 室	0571-87007610
26	国信证券股份有限公司杭州分公司	浙江省杭州市上城区万象城 3 幢 901—902 室、908 室	0571-85215113
27	国信证券股份有限公司浙江分公司	浙江省杭州市萧山区宁围街道诺德财富中心 1 幢 102 室、2901—2904 室	0571-85215113
28	国信证券股份有限公司浙江互联网分公司	浙江省杭州市滨江区长河街道滨盛路 1688 号明豪大厦 1002、1005、1007 室	0571-85215113
29	国信证券股份有限公司浙江自贸区分公司	中国(浙江)自由贸易试验区舟山市普陀区东港街道文康街 53 号、55 号	0571-85215113

序号	公司名称	地址	联系方式
30	国元证券股份有限公司浙江分公司	浙江省杭州市滨江区长河街道江汉路 1785 号网新双城大厦 4 幢 2201-1 室	0571-87682918
31	海通证券股份有限公司浙江分公司	浙江省杭州市江干区迪凯银座 801、803、804 室	0571-87211015
32	华安证券股份有限公司浙江分公司	浙江省杭州市萧山区北干街道金城路 358 号蓝爵国际中心 5 号楼低区 20 层 2002 室	0571-22918960
33	华福证券有限责任公司浙江分公司	浙江省杭州市拱墅区庆春路 42 号 805 室、903 室、904 室、905 室、906 室、1101 室	0571-87819023
34	华金证券股份有限公司浙江分公司	浙江省杭州市上城区南星街道赞成中心西楼 1608 室、1609 室	0571-28216796
35	华林证券股份有限公司浙江分公司	浙江省杭州市下城区朝晖路 182 号 1 号楼 2612、2613 室	0571-85173750
36	华龙证券股份有限公司浙江分公司	浙江省杭州市西湖区玉古路 168 号武术馆大楼 716—721	0571-28916090
37	华泰证券股份有限公司浙江分公司	浙江省杭州市滨江区长河街道滨盛路 1766 号星光城 2801—2808 室	0571-86698701
38	华西证券股份有限公司浙江分公司	浙江省杭州市江干区财富金融中心 2 幢 1204 室	0571-88213660
39	华鑫证券有限责任公司杭州分公司	浙江省杭州市江干区城星国际中心 1 幢 2206、2207 室	0571-85781171
40	江海证券有限公司浙江分公司	浙江省杭州市江干区财富金融中心 2 幢 1507 室	0571-28901889
41	金元证券股份有限公司浙江分公司	浙江省杭州市江干区迪凯银座 1403 室	0571-85056063
42	九州证券股份有限公司浙江分公司	浙江省杭州市拱墅区矩阵国际中心（余杭塘路 515 号）2-301 室	0571-86708110
43	开源证券股份有限公司浙江分公司	浙江省杭州市上城区高德置地中心 3 幢 21102 室	0571-86083152
44	联储证券有限责任公司浙江分公司	浙江省杭州市上城区四季青街道尊宝大厦金尊 3303 室、3304 室	0571-87717501

续表

序号	公司名称	地址	联系方式
45	民生证券股份有限公司浙江分公司	浙江省杭州市江干区五星路 185 号泛海国际中心 6 幢 2 单元 801-A-01 室	0571-56310702
46	南京证券股份有限公司浙江分公司	浙江省杭州市江干区旺座中心 1 幢 1202 室	0571-86906386
47	平安证券股份有限公司浙江分公司	浙江省杭州市江干区民心路 280 号平安金融中心 1 幢 1801 室-2	0571-88307395
48	申港证券股份有限公司浙江分公司	浙江省杭州市江干区瑞立江河汇大厦 2233 室	0571-28323582
49	申万宏源证券有限公司浙江分公司	浙江省杭州市上城区平安金融中心 2 幢 2301 室-1	0571-85063953
50	首创证券股份有限公司浙江分公司	浙江省杭州市西湖区杭大路 15 号嘉华国际商务中心地上 2 层 203 室、13 层 1615 室	0571-85883757
51	天风证券股份有限公司浙江分公司	杭州市西湖区教工路 88 号立元大厦 12 层 1202、1204、1206、1208 室	0571-87632159
52	万和证券股份有限公司浙江分公司	浙江省杭州市江干区五星路 188 号荣安大厦 802-1 室	0571-81999060
53	西南证券股份有限公司浙江分公司	浙江省杭州市上城区紫晶商务城 1 幢 304-1 室	0571-86784006
54	湘财证券股份有限公司浙江分公司	浙江省杭州市西湖区西溪路 128 号 701 室	0571-87650370
55	信达证券股份有限公司浙江分公司	浙江省杭州市上城区西子国际中心 2 号楼 906 室	0571-28999488
56	兴业证券股份有限公司浙江分公司	浙江省杭州市江干区迪凯银座 31 楼	0571-87835777
57	野村东方国际证券有限公司浙江分公司	浙江省杭州市上城区平安金融中心 2 幢 1101 室-7	0571-28165222
58	英大证券有限责任公司浙江分公司	浙江省杭州市上城区市民街 219 号利有商务大厦 17 层 1705 室	0571-51107450
59	粤开证券股份有限公司杭州分公司	浙江省杭州市上城区江锦路 159 号平安金融中心 2 幢 3101 室-1	0571-28233859

序号	公司名称	地址	联系方式
60	浙江浙商证券资产管理有限公司杭州分公司	浙江省杭州市江干区明珠国际商务中心 1 幢 701 室	0571-87901991
61	中国国际金融股份有限公司浙江分公司	浙江省杭州市江干区来福士中心 2 幢 1901 室	0571-87253011
62	中国银河证券股份有限公司浙江分公司	浙江省杭州市江干区泛海国际中心 3 幢 28 层	0571-88397099
63	中国中金财富证券有限公司浙江分公司	浙江省杭州市上城区来福士中心 2 幢 1807、1808、1809、2301、2302、2303、2304、2305、2306、2307、2308、2309 室	0571-87046925
64	中山证券有限责任公司浙江分公司	浙江省杭州市上城区婺江路 217 号 2 号楼 901 室	0571-85366308
65	中泰证券股份有限公司浙江分公司	浙江省杭州市江干区荣安大厦 2502A 室、2502B 室	0571-86611136
66	中天国富证券有限公司浙江分公司	浙江省杭州市西湖区翠苑街道天目山路 274 号、万塘路 2-18（双）号 A 座 20 楼 2002、2003 室	0571-87067252
67	中信证券股份有限公司浙江分公司	浙江省杭州市上城区四季青街道迪凯银座 6 楼、22 楼、1703、1704、1901、1902、2303、2304 室	0571-87269888
68	中邮证券有限责任公司浙江分公司	浙江省杭州市西湖区莫干山路 329 号 204 室、208 室、1106 室	0571-28916125
69	中原证券股份有限公司浙江分公司	浙江省杭州市江干区新塘路 111 号新城时代广场 2 号楼 3 层 301 室	0571-86061260
70	浙商证券股份有限公司杭州分公司	浙江省杭州市西湖区杭大路 1 号黄龙世纪广场 A 区 6 楼 617—625 室	0571-87901991
71	中信建投证券股份有限公司浙江分公司	杭州市上城区庆春路 225 号 6 楼 604 室	0571-87067252

2022 年杭州市期货机构名录

（截至 2022 年 12 月 31 日）

序号	机构名称	地址	联系电话
1	安粮期货股份有限公司浙江分公司	浙江省杭州市拱墅区嘉联华铭座 2302 室	0571-86606950
2	宝城期货有限责任公司杭州分公司	浙江省杭州市西湖区财通双冠大厦东楼 202、203 室	0571-86983656
3	创元期货股份有限公司浙江分公司	浙江省杭州市上城区五星路 198 号瑞晶国际商务中心 2404 室	0571-88077993
4	东方汇金期货有限公司浙江分公司	浙江省杭州市拱墅区莫干山路 972 号 11 幢东楼 12 层 1201 室	0571-88683817
5	格林大华期货有限公司浙江分公司	浙江省杭州市西湖区财通双冠大厦东楼 2008 室	0571-28055969
6	冠通期货股份有限公司浙江分公司	浙江省杭州市西湖区财通双冠大厦东楼 2005 室	0571-85096867
7	广州金控期货有限公司杭州分公司	浙江省杭州市西湖区文二西路 5 号 508 室	0571-87251385
8	国盛期货有限责任公司浙江分公司	浙江省杭州市解放东路 33 号财富金融中心 2 幢 1806	0571-88116683
9	国海良时期货有限公司杭州分公司	浙江省杭州市河东路 91 号	0571-85336137
10	国联期货股份有限公司杭州分公司	浙江省杭州市上城区来福士中心 2 幢 2104—2105 室	0571-85183220
11	国泰君安期货有限公司浙江分公司	浙江省杭州市上城区民心路 280 号杭州平安金融中心 30 层 3001 室-3	0571-86807670
12	海证期货有限公司浙江分公司	浙江省杭州市上城区丹桂街 19 号迪凯国际中心 801B 室	0571-56979952
13	红塔期货有限责任公司浙江分公司	浙江省杭州市上城区四季青街道瑞晶国际商务中心 705 室-2	0571-87815881
14	华金期货有限公司浙江分公司	浙江省杭州市滨江区长河街道滨盛路 1766 号 704 室	0571-87250280
15	华联期货有限公司浙江分公司	浙江省杭州市上城区平安金融大厦 3 幢 601 室-17	0571-81138079

序号	机构名称	地址	联系电话
16	华泰期货有限公司杭州分公司	浙江省杭州市上城区万象城 2 幢 2901 室-08	0571-85287506
17	混沌天成期货股份有限公司浙江分公司	浙江省杭州市上城区解放东路 37 号财富金融中心 1205、1206 室	0571-86050331
18	建信期货有限责任公司浙江分公司	浙江省杭州市拱墅区新华路 6 号 224 室、225 室、227 室	0571-87777081
19	金元期货股份有限公司浙江分公司	浙江省杭州市上城区圣奥中央商务大厦 2702-2 室	0571-87398307
20	前海期货有限公司浙江分公司	浙江省杭州市上城区高德置地中心 1 幢 2103 室	0571-28312637
21	瑞达期货股份有限公司杭州分公司	浙江省杭州市上城区泛海国际中心 A 座 1004 室	0571-86793025
22	上海东证期货有限公司浙江分公司	浙江省杭州市滨江区科技馆街 1600 号银泰国际商务中心 3806 室	0571-56305313
23	申银万国期货有限公司浙江分公司	浙江省杭州市上城区解放东路 29 号迪凯银座 1904 室	0571-86061997
24	西部期货有限公司杭州分公司	浙江省杭州市市民街 200 号圣奥大厦 2303 室	0571-88616591
25	先锋期货股份有限公司浙江分公司	浙江省杭州市富阳区富春街道江滨西大道 57 号 1506 室	0571-86726995
26	兴业期货有限公司杭州分公司	浙江省杭州市拱墅区庆春路 42 号兴业银行大厦 1002 室	0571-85828716
27	兴证期货有限公司浙江分公司	浙江省杭州市上城区解放东路 29 号迪凯银座 31 楼 3102 室	0571-28058895
28	银河期货有限公司浙江分公司	浙江省杭州市上城区解放路 26 号 1002 室、1003 室	0571-28066323
29	永安期货股份有限公司杭州分公司	浙江省杭州市上城区华峰国际商务大厦 503 室	0571-87718638
30	永安期货股份有限公司杭州西湖分公司	浙江省杭州市西湖区翠苑街道天目山路 198 号财通双冠大厦东楼 18 层 1801、1802、1803、1804 室	0571-85075919
31	永安期货股份有限公司杭州萧山分公司	浙江省杭州市萧山区宁围街道平澜路 259 号 2 单元 2701 室	0571-82891992

续表

序号	机构名称	地址	联系电话
32	永安期货股份有限公司杭州余杭分公司	浙江省杭州市余杭区南苑街道世纪大道 168 号 1 单元 1803—1806 室	0571-89182088
33	云财富期货有限公司浙江分公司	浙江省杭州市上城区财富金融中心 2 幢 2004 室	0571-88793519
34	浙江新世纪期货有限公司杭州分公司	浙江省杭州市拱墅区万寿亭街 13 号 701—710 室	0571-85103215
35	中财期货有限公司浙江分公司	浙江省杭州市西湖区体育场路 458 号 2 楼 201、202、203、205、207、209、210 室	0571-56080563
36	中国国际期货股份有限公司杭州分公司	浙江省杭州市上城区庆春东路 1-1 号西子联合控股大厦 803 室	0571-89716763
37	中泰期货股份有限公司杭州分公司	杭州市西湖区莫干山路 231 号锐明大厦 4001 室	0571-28118911
38	中信建投期货有限公司杭州分公司	浙江省杭州市钱江国际时代广场 3 号楼 702 室	0571-87380613
39	中信期货有限公司杭州萧山分公司	浙江省杭州市萧山区北干街道金城路 438 号东南科技研发中心 6 层 603、604 室	0571-85060830
40	中信期货有限公司浙江分公司	浙江省杭州市上城区解放东路 29 号迪凯银座 2301、2302 室	0571-85783919
41	中银国际期货有限责任公司浙江分公司	浙江省杭州市上城区庆春东路 1-1 号西子联合大厦 8 层 803 室	0571-87168256
42	紫金天风期货股份有限公司浙江分公司	浙江省杭州市萧山区金城路 358 号蓝爵国际中心 5 幢 3703 室 1 号	0571-22670095

2022 年杭州市公募基金管理机构名录

（截至 2022 年 12 月 31 日）

序号	机构名称	地址	联系电话
1	浙商基金管理有限公司	杭州市下城区环城北路 208 号 1801 室	0571-28190000

2022 年杭州市证券投资咨询机构名录

（截至 2022 年 12 月 31 日）

序号	机构名称	地址	联系电话
1	杭州顶点财经网络传媒有限公司	杭州市滨江区江南大道 3880 号华荣时代大厦 2406 号	0571-56195800
2	浙江同花顺云软件有限公司	杭州市文二西路 1 号 902 室	0571-88911818
3	杭州高能投资咨询有限公司	浙江省杭州市滨江区长河街道科技馆街 1600 号银泰国际商务中心 4401 室	0571-28350266

2022 年杭州市上市公司名录

境内上市公司名录

（截至 2022 年 12 月 31 日）

序号	公司名称	性质	上市地点	上市时间	代码	行业类别
1	物产中大	国有	上海	1996 年 5 月 17 日	600704	商贸服务
2	东方通信	国有	上海	1996 年 11 月 14 日	600776	IT
3	浙江东方	国有	上海	1997 年 11 月 12 日	600120	商贸服务
4	杭钢股份	国有	上海	1998 年 2 月 12 日	600126	机械制造
5	钱江水利	民营	上海	2000 年 9 月 15 日	600283	公共设施
6	英特集团	国有	深圳	1996 年 6 月 26 日	000411	医药化工
7	浙大网新	国有	上海	1997 年 3 月 25 日	600797	IT
8	浙能电力	国有	上海	2013 年 12 月 19 日	600023	电力
9	众合科技	国有	深圳	1999 年 5 月 7 日	000925	IT
10	浙数文化	国有	上海	2011 年 12 月 6 日迁入	600633	出版业
11	天目药业	民营	上海	1993 年 8 月 23 日	600671	医药化工
12	杭州解百	国有	上海	1994 年 1 月 14 日	600814	商贸服务
13	百大集团	民营	上海	1994 年 8 月 9 日	600865	商贸服务
14	新安股份	民营	上海	2001 年 9 月 6 日	600596	医药化工
15	信雅达	民营	上海	2002 年 11 月 1 日	600571	IT
16	士兰微	民营	上海	2003 年 3 月 11 日	600460	IT

序号	公司名称	性质	上市地点	上市时间	代码	行业类别
17	杭萧钢构	民营	上海	2003 年 11 月 10 日	600477	机械制造
18	恒生电子	民营	上海	2003 年 12 月 16 日	600570	IT
19	航民股份	民营	上海	2004 年 8 月 9 日	600987	纺织业
20	通策医疗	民营	上海	1996 年 10 月 30 日（2006 年迁入）	600763	医疗服务
21	数源科技	国有	深圳	1999 年 5 月 7 日	000909	IT
22	华东医药	国有	深圳	2000 年 1 月 27 日	000963	医药化工
23	传化智联	民营	深圳	2004 年 6 月 29 日	002010	医药化工
24	亿帆医药	民营	深圳	2004 年 7 月 13 日	002019	医药化工
25	生意宝	民营	深圳	2006 年 12 月 15 日	002095	IT
26	万向钱潮	民营	深圳	1994 年 1 月 10 日	000559	机械制造
27	杭汽轮 B	国有	深圳	1998 年 4 月 28 日	200771	机械制造
28	祥源文化	民营	上海	2003 年 2 月 20 日（2007 年迁入）	600576	纺织业
29	三维通信	民营	深圳	2007 年 2 月 15 日	002115	IT
30	广宇集团	民营	深圳	2007 年 4 月 27 日	002133	房地产
31	东南网架	民营	深圳	2007 年 5 月 30 日	002135	金属制品业
32	大立科技	民营	深圳	2008 年 2 月 18 日	002214	专用仪器仪表制造业
33	大华股份	民营	深圳	2008 年 5 月 20 日	002236	电子设备制造业
34	滨江集团	民营	深圳	2008 年 5 月 29 日	002244	房地产
35	聚力文化	民营	深圳	2008 年 6 月 12 日	002247	制造业
36	浙富控股	民营	深圳	2008 年 8 月 5 日	002266	机械制造
37	莱茵置业	民营	深圳	2002 年 4 月 2 日（2009 年迁入）	000558	房地产
38	万马股份	民营	深圳	2009 年 7 月 10 日	002276	机械制造
39	联络互动	民营	深圳	2009 年 8 月 21 日	002280	IT
40	亚太股份	民营	深圳	2009 年 8 月 28 日	002284	汽车零部件
41	银江股份	民营	深圳	2009 年 10 月 30 日	300020	IT

续表

序号	公司名称	性质	上市地点	上市时间	代码	行业类别
42	华星创业	民营	深圳	2009 年 10 月 30 日	300025	通信服务业
43	同花顺	民营	深圳	2009 年 12 月 25 日	300033	IT
44	中恒电气	民营	深圳	2010 年 3 月 5 日	002364	输配电及控制设备制造业
45	南都电源	民营	深圳	2010 年 4 月 21 日	300068	电气机械及器材制造业
46	思创医惠	民营	深圳	2010 年 4 月 30 日	300078	计算机及相关设备制造业
47	海康威视	国有	深圳	2010 年 5 月 28 日	002415	电子设备制造业
48	康盛股份	民营	深圳	2010 年 6 月 1 日	002418	金属制品业
49	杭氧股份	国有	深圳	2010 年 6 月 10 日	002430	工业专用设备制造业
50	巨星科技	民营	深圳	2010 年 7 月 13 日	002444	工具制造业
51	顺网科技	民营	深圳	2010 年 8 月 27 日	300113	IT
52	富春环保	民营	深圳	2010 年 9 月 21 日	002479	电力生产业
53	杭齿前进	国有	上海	2010 年 10 月 11 日	601177	通用设备制造业
54	金固股份	民营	深圳	2010 年 10 月 21 日	002488	交通运输设备制造业
55	华策影视	民营	深圳	2010 年 10 月 26 日	300133	广播电影电视业
56	荣盛石化	民营	深圳	2010 年 11 月 2 日	002493	化学纤维制造业
57	老板电器	民营	深圳	2010 年 11 月 23 日	002508	金属制品业
58	宋城演艺	民营	深圳	2010 年 12 月 9 日	300144	旅游业
59	中金环境	民营	深圳	2010 年 12 月 9 日	300145	专用设备制造业
60	西子洁能	民营	深圳	2011 年 1 月 10 日	002534	锅炉及原动机制造业
61	宝鼎科技	民营	深圳	2011 年 2 月 25 日	002552	铸件制造业
62	贝因美	民营	深圳	2011 年 4 月 12 日	002570	乳制品制造业
63	聚光科技	民营	深圳	2011 年 4 月 15 日	300203	专用仪器仪表制造业

序号	公司名称	性质	上市地点	上市时间	代码	行业类别
64	迪安诊断	民营	深圳	2011 年 7 月 19 日	300244	卫生、保健、护理服务业
65	初灵信息	民营	深圳	2011 年 8 月 3 日	300250	通信及相关设备制造业
66	兴源环境	民营	深圳	2011 年 9 月 27 日	300266	普通机械制造业
67	中威电子	民营	深圳	2011 年 10 月 12 日	300270	通信设备制造业
68	赞宇科技	民营	深圳	2011 年 11 月 25 日	002637	化学原料及化学制品制造业
69	华媒控股	民营	深圳	2003 年 12 月 17 日（2012 年迁入）	000607	公用机械制造业
70	远方光电	民营	深圳	2012 年 3 月 29 日	300306	仪器仪表及文化、办公用机械制造业
71	宋都股份	民营	上海	1997 年 5 月 20 日（2012 年 5 月迁入）	600077	房地产开发与经营业
72	泰格医药	民营	深圳	2012 年 8 月 17 日	300347	专业、科研服务业
73	华数传媒	国有	深圳	2012 年 8 月迁入	000156	信息传播服务业
74	炬华科技	民营	深圳	2014 年 1 月 21 日	300360	通用仪器仪表制造业
75	思美传媒	民营	深圳	2014 年 1 月 23 日	002712	商业服务业
76	福斯特	民营	上海	2014 年 9 月 5 日	603806	橡胶和塑料制品业
77	健盛集团	民营	上海	2015 年 1 月 27 日	603558	纺织服务、服饰业
78	杭电股份	民营	上海	2015 年 2 月 17 日	603618	电线电缆产品的研发、生产、销售和服务
79	中泰股份	民营	深圳	2015 年 3 月 26 日	300435	深冷技术的工艺开发、设备设计、制造和销售
80	创业软件	民营	深圳	2015 年 5 月 14 日	300451	应用软件
81	永创智能	民营	上海	2015 年 5 月 29 日	603901	其他

续表

序号	公司名称	性质	上市地点	上市时间	代码	行业类别
82	华铁科技	民营	上海	2015 年 5 月 29 日	603300	房屋和土木工程
83	杭州高新	民营	深圳	2015 年 6 月 10 日	300478	机械设备,电气设备
84	先锋电子	民营	深圳	2015 年 6 月 12 日	002767	电子测量仪器
85	中亚股份	民营	深圳	2016 年 5 月 26 日	300512	机械设备,专用设备
86	微光股份	民营	深圳	2016 年 6 月 22 日	002801	机械设备,电气设备
87	顾家家居	民营	上海	2016 年 10 月 14 日	603816	家用轻工
88	集智股份	民营	深圳	2016 年 10 月 21 日	300553	机器设备仪器仪表
89	和仁科技	民营	深圳	2016 年 10 月 18 日	300550	信息服务—计算机应用
90	电魂网络	民营	上海	2016 年 10 月 26 日	603258	信息服务—传媒
91	杭州银行	国有	上海	2016 年 10 月 27 日	600926	金融服务—银行
92	贝达药业	民营	深圳	2016 年 11 月 7 日	300558	医药制造业
93	海兴电力	民营	上海	2016 年 11 月 10 日	603556	机械设备仪器仪表
94	嘉凯城	民营	深圳	1999 年 7 月上市(2016 年 3 月迁入杭州)	000918	房地产开发
95	平治信息	民营	深圳	2016 年 12 月 13 日	300571	信息服务—传媒
96	百合花	民营	上海	2016 年 12 月 20 日	603823	化工—化学制品
97	英飞特	民营	深圳	2016 年 12 月 28 日	300582	电子
98	杭叉集团	国有	上海	2016 年 12 月 27 日	603298	机械设备
99	华正新材	国有	上海	2017 年 1 月 3 日	603186	制造业—计算机通信
100	新坐标	民营	上海	2017 年 2 月 9 日	603040	机械设备
101	诺邦股份	民营	上海	2017 年 2 月 22 日	603238	纺织服装—纺织制造

序号	公司名称	性质	上市地点	上市时间	代码	行业类别
102	威星智能	民营	深圳	2017 年 2 月 17 日	002849	机械设备—电气设备
103	元成股份	民营	上海	2017 年 3 月 24 日	603388	建筑装饰园林工程
104	星帅尔	民营	深圳	2017 年 4 月 12 日	002860	家用零部件
105	长川科技	民营	深圳	2017 年 4 月 17 日	300604	其他专用机械
106	正元智慧	民营	深圳	2017 年 4 月 21 日	300645	IT 服务
107	金石资源	民营	上海	2017 年 5 月 3 日	603505	采矿
108	万通智控	民营	深圳	2017 年 5 月 5 日	300643	制造业—汽车零部件
109	杭州园林	民营	深圳	2017 年 5 月 5 日	300649	园林
110	铁流股份	民营	上海	2017 年 5 月 10 日	603926	制造业—汽车零部件
111	雷迪克	民营	深圳	2017 年 5 月 16 日	300652	制造业—汽车零部件
112	吉华集团	民营	上海	2017 年 6 月 15 日	603980	化工—化学制品
113	诚邦股份	民营	上海	2017 年 6 月 19 日	603316	建筑装饰园林工程
114	浙商证券	国有	上海	2017 年 6 月 26 日	601878	资本市场服务
115	沪宁股份	民营	深圳	2017 年 6 月 29 日	300669	通用设备制造业
116	纵横通信	民营	上海	2017 年 8 月 10 日	603602	通信配套服务
117	春风动力	民营	上海	2017 年 8 月 18 日	603129	其他交运设备
118	万马科技	民营	深圳	2017 年 8 月 31 日	300698	计算机通信和其他电子设备制造
119	兆丰股份	民营	深圳	2017 年 9 月 8 日	300695	汽车制造业
120	银都股份	民营	上海	2017 年 9 月 11 日	603277	通用设备制造业
121	万隆光电	民营	深圳	2017 年 10 月 19 日	300710	通信传输设备
122	财通证券	国有	上海	2017 年 10 月 24 日	601108	资本市场服务
123	泰瑞机器	民营	上海	2017 年 10 月 31 日	603289	专用设备制造业

续表

序号	公司名称	性质	上市地点	上市时间	代码	行业类别
124	珀莱雅	民营	上海	2017 年 11 月 15 日	603605	制造业—化学原料和化学制品制造业
125	南都物业	民营	上海	2018 年 2 月 1 日	603506	房地产业
126	天地数码	民营	深圳	2018 年 4 月 27 日	300743	信息设备计算机设备
127	汉嘉设计	民营	深圳	2018 年 5 月 25 日	300746	建筑材料建筑装饰
128	浙商中拓	国有	深圳	1999 年 7 月 7 日（2018 年 8 月迁入）	000906	批发和零售业—批发业
129	每日互动	民营	深圳	2019 年 3 月 25 日	300766	信息服务通信服务
130	迪普科技	民营	深圳	2019 年 4 月 12 日	300768	信息服务—计算机应用
131	运达股份	民营	深圳	2019 年 4 月 26 日	300772	大型风力发电研发生产销售
132	新化股份	民营	上海	2019 年 6 月 27 日	603867	化工—化学制品
133	杭可科技	民营	上海	2019 年 7 月 22 日	688006	专用设备制造业
134	虹软科技	民营	上海	2019 年 7 月 22 日	688088	软件和信息技术服务业
135	胜达包装	民营	上海	2019 年 7 月 26 日	603687	轻工制造—包装印刷
136	南华期货	民营	上海	2019 年 8 月 30 日	603093	金融服务
137	壹网壹创	民营	深圳	2019 年 9 月 27 日	300792	信息服务—传媒
138	米奥兰特	民营	深圳	2019 年 10 月 22 日	300795	会展
139	安恒信息	民营	上海	2019 年 11 月 5 日	688023	计算机应用服务业
140	鸿泉物联	民营	上海	2019 年 11 月 6 日	688288	计算机及相关设备制造业
141	浙商银行	国有	上海	2019 年 11 月 26 日	601916	银行

序号	公司名称	性质	上市地点	上市时间	代码	行业类别
142	当虹科技	民营	上海	2019 年 12 月 11 日	688039	智能视频技术
143	泰林生物	民营	深圳	2020 年 1 月 14 日	300813	专用设备
144	奥普家居	民营	上海	2020 年 1 月 15 日	603551	家用电器—白色家电
145	建业股份	民营	上海	2020 年 3 月 2 日	603948	化工—化学制品
146	光云科技	民营	上海	2020 年 4 月 29 日	688365	计算机—计算机应用
147	聚合顺	民营	上海	2020 年 6 月 18 日	605166	化学原料和化学制品
148	申昊科技	民营	深圳	2020 年 7 月 24 日	300853	机械设备通用机械
149	华达新材	民营	上海	2020 年 8 月 5 日	605158	建筑材料—其他材料
150	华光新材	民营	上海	2020 年 8 月 19 日	688379	机械设备—金属制品
151	格林达	民营	上海	2020 年 8 月 19 日	603931	化工—化工制品
152	众望布艺	民营	上海	2020 年 9 月 8 日	605003	纺织制造
153	立昂微	民营	上海	2020 年 9 月 11 日	605358	电子半导体
154	豪悦护理	民营	上海	2020 年 9 月 11 日	605009	轻工制造
155	山科智能	民营	深圳	2020 年 9 月 28 日	300897	仪器仪表
156	大洋生物	民营	深圳	2020 年 10 月 26 日	003017	化工—化工原料
157	中控技术	民营	上海	2020 年 11 月 24 日	688777	电气设备
158	杭华油墨	国有	上海	2020 年 12 月 11 日	688571	化学制品
159	华旺科技	民营	上海	2020 年 12 月 28 日	605377	轻工制造
160	祖名股份	民营	深圳	2021 年 1 月 7 日	003030	食品加工
161	屹通新材	民营	深圳	2021 年 1 月 21 日	300930	有色金属
162	浙江建设	民营	深圳	2015 年 6 月 10 日	002761	建筑业—土木工程建筑业
163	曼卡龙	民营	深圳	2021 年 2 月 10 日	300945	批发和零售业—零售业

续表

序号	公司名称	性质	上市地点	上市时间	代码	行业类别
164	园林股份	民营	上海	2021 年 3 月 1 日	605303	建筑材料—建筑装饰—装饰园林
165	联德股份	民营	上海	2021 年 3 月 1 日	605060	机械设备—通用设备—机械基础件
166	美迪凯	民营	上海	2021 年 3 月 2 日	688079	电子—光学光电子—光学元件
167	西力科技	民营	上海	2021 年 3 月 18 日	688616	机械设备—仪器仪表
168	爱科科技	民营	上海	2021 年 3 月 19 日	688092	机械设备—专用设备
169	奥泰生物	民营	上海	2021 年 3 月 25 日	688606	医药生物—医疗器械
170	品茗股份	民营	上海	2021 年 3 月 30 日	688109	计算机—计算机应用
171	杭州柯林	民营	上海	2021 年 4 月 12 日	688611	电气自动化设备
172	浙文影业	国有	上海	2011 年 5 月 27 日	601599	纺织服装，影视业务
173	浙江新能	国有	上海	2021 年 5 月 25 日	600032	公用事业—电力
174	可靠护理	民营	深圳	2021 年 6 月 17 日	301009	轻工制造—造纸Ⅱ
175	杭州热电	国有	上海	2021 年 6 月 30 日	605011	公共事业—电力
176	税友股份	民营	上海	2021 年 6 月 30 日	603171	计算机—计算机应用
177	宏华数码	民营	上海	2021 年 7 月 8 日	688789	机械设备—专用设备
178	咸亨国际	民营	上海	2021 年 7 月 20 日	605056	机械设备—仪器仪表
179	浙版传媒	民营	上海	2021 年 7 月 23 日	601921	传媒—文化传媒
180	双枪科技	民营	深圳	2021 年 8 月 5 日	001211	制造业—轻工
181	久祺股份	民营	深圳	2021 年 8 月 12 日	300994	汽车—其他交运设备

续表

序号	公司名称	性质	上市地点	上市时间	代码	行业类别
182	果麦文化	民营	深圳	2021 年 8 月 30 日	301052	传媒—文化传媒
183	张小泉	民营	深圳	2021 年 9 月 6 日	301055	轻工制造—家用轻工
184	博拓生物	民营	上海	2021 年 9 月 8 日	688767	医药生物—医疗器械Ⅱ
185	卓锦股份	民营	上海	2021 年 9 月 16 日	688701	公用事业—环保工程及服务
186	万事利	民营	深圳	2021 年 9 月 22 日	301066	纺织服装—纺织制造
187	大地海洋	民营	深圳	2021 年 9 月 28 日	301068	环保—环境光通量
188	君庭酒店	民营	深圳	2021 年 9 月 30 日	301073	社会服务—酒店餐饮
189	星华反光	民营	深圳	2021 年 9 月 30 日	301077	基础化工—化学制品
190	福莱蒽特	民营	上海	2021 年 10 月 25 日	605566	基础化工—化学制品
191	凯尔达	民营	上海	2021 年 10 月 25 日	688255	机械设备—自动化设备
192	争光股份	民营	深圳	2021 年 11 月 2 日	301092	基础化工—塑料
193	广脉科技	民营	北京	2021 年 11 月 15 日	838924	通信—通信服务
194	安旭生物	民营	上海	2021 年 11 月 18 日	688075	医药生物—医疗器械
195	正强股份	民营	深圳	2021 年 11 月 22 日	301119	汽车—汽车零部件
196	物产环能	国有	上海	2021 年 12 月 16 日	603071	公用事业—电力
197	禾迈股份	民营	上海	2021 年 12 月 20 日	688032	电力设备—光伏设备
198	百诚医药	民营	深圳	2021 年 12 月 20 日	301096	医药生物—医疗服务
199	永安期货	国有	上海	2021 年 12 月 23 日	600927	非银金融—多元金融

续表

序号	公司名称	性质	上市地点	上市时间	代码	行业类别
200	浙文互联	国有	上海	2021 年 12 月 31 日	600986	传媒—广告营销
201	臻镭科技	民营	上海	2022 年 1 月 27 日	688270	电子—半导体
202	华是科技	民营	深圳	2022 年 3 月 7 日	301218	计算机—IT 服务
203	和顺科技	民营	深圳	2022 年 3 月 23 日	301237	基础化工—塑料
204	景业智能	民营	上海	2022 年 4 月 29 日	688290	机械调和—自动化设备
205	铖昌科技	民营	深圳	2022 年 6 月 6 日	001270	国防军工—军工电子Ⅱ
206	楚环科技	民营	深圳	2022 年 7 月 25 日	001336	环保—环保设备
207	晶华微	民营	上海	2022 年 7 月 29 日	688130	电子—半导体
208	广立微	民营	深圳	2022 年 8 月 5 日	301095	计算机—软件开发
209	朗鸿科技	民营	北京	2022 年 9 月 1 日	836395	计算机设备
210	天铭科技	民营	北京	2022 年 9 月 2 日	836270	汽车—汽车零部件
211	慧博云通	民营	深圳	2022 年 10 月 13 日	301316	计算机—IT 服务
212	天元宠物	民营	深圳	2022 年 11 月 18 日	301335	轻工制造—文娱用品
213	杰华特	民营	上海	2022 年 12 月 23 日	688141	电子—半导体
214	萤石网络	民营	上海	2022 年 12 月 28 日	688475	计算机—计算机设备
215	美登科技	民营	北京	2022 年 12 月 28 日	838227	计算机—软件开发
216	顺发恒业	民营	深圳	2022 年 12 月 29 日	000631	综合—综合Ⅱ

境外上市公司名录

（截至 2022 年 12 月 31 日）

序号	上市公司	性质	上市地点	上市时间	代码	行业类别
1	沪杭甬	国有	中国香港	1997 年 5 月 1 日	00576	基础设施
2	浙江世宝	民营	中国香港	2006 年 5 月 16 日	01057	汽车零件
3	网易	民营	美国（纳斯达克）	2000 年 6 月 30 日	NTES	互联网服务与基础设施
4	绿城中国	国有	中国香港	2006 年 7 月 13 日	03900	房地产
5	友成控股	民营	中国香港	2005 年 10 月 1 日	00096	塑料模具
6	华鼎控股	民营	中国香港	2005 年 12 月 15 日	03398	纺织业
7	众安房产	民营	中国香港	2007 年 11 月 13 日	00672	房地产
8	普星能量	民营	中国香港	2009 年 7 月 10 日	00090	电厂建设、经营及管理
9	友佳—DR	民营	中国台湾	2010 年 3 月	912398	电机机械
10	九洲大药房	民营	美国（纳斯达克）	2010 年 4 月	CJJD	医药零售连锁
11	华章科技	民营	中国香港	2013 年 5 月 16 日	01673	工业零件
12	新锐医药	民营	中国香港	2013 年 10 月 25 日	06108	医药分销
13	永盛新材料	民营	中国香港	2013 年 11 月 27 日	03608	纺织相关产品贸易、差别化涤纶面料染色及加工以及涤纶长丝生产
14	矽力杰	民营	中国台湾	2013 年 12 月 12 日	06415	半导体业
15	中国新城市	民营	中国香港	2014 年 7 月 10 日	01321	房地产开发
16	天鸽互动	民营	中国香港	2014 年 7 月 9 日	01980	互联网软件与服务
17	阿里巴巴	民营	美国（纽交所）	2014 年 9 月 19 日	BABA	IT
18	中粮包装	国有	中国香港	2009 年 11 月 16 日	00906	包装产品

续表

序号	上市公司	性质	上市地点	上市时间	代码	行业类别
19	新明中国	民营	中国香港	2015 年 7 月 6 日	02699	房地产建筑
20	浙商银行	国有	中国香港	2016 年 3 月 30 日	02016	金融服务—银行
21	绿城服务	民营	中国香港	2016 年 7 月 12 日	02869	物业服务、顾问咨询服务、园区增值服务
22	江南布衣	民营	中国香港	2016 年 10 月 31 日	03306	设计推广销售服装鞋类配饰
23	百世集团	民营	美国（纽交所）	2017 年 9 月 20 日	BEST	航空货运与物流
24	龙运国际	民营	美国（纳斯达克）	2017 年 10 月 21 日	LYL	众筹机会和孵化公司
25	阜博集团	民营	中国香港	2018 年 1 月 4 日	03738	视频分析管理平台
26	盛龙锦绣国际	民营	中国香港	2017 年 7 月 17 日（2018 认定）	08481	制造和销售装饰印刷材料产品
27	51 信用卡	民营	中国香港	2018 年 7 月 13 日	02051	个人金融服务
28	歌礼制药	民营	中国香港	2018 年 8 月 1 日	01672	生物科技
29	微贷网	民营	美国（纽交所）	2018 年 11 月 15 日	WEI	车贷
30	蘑菇街	民营	美国（纽交所）	2018 年 12 月 6 日	MOGU	电商
31	德信中国	民营	中国香港	2019 年 2 月 26 日	02019	房地产
32	滨江服务	民营	中国香港	2019 年 3 月 15 日	03316	物业服务
33	云集	民营	美国（纳斯达克）	2019 年 5 月 3 日	YJ	电商
34	兑吧	民营	中国香港	2019 年 5 月 7 日	01753	媒体及娱乐
35	途屹控股	民营	中国香港	2019 年 6 月 28 日	01701	出境旅游产品及服务供应商
36	网易有道	民营	美国（纽交所）	2019 年 10 月 25 日	DAO	智能学习产品和服务

序号	上市公司	性质	上市地点	上市时间	代码	行业类别
37	阿里巴巴-SW	民营	中国香港	2019 年 10 月 26 日	09988	电子商贸及互联网服务
38	启明医疗	民营	中国香港	2019 年 12 月 10 日	02500	医疗保健设备
39	UT 斯达康	民营	美国（纳斯达克）	2020 年 3 月 2 日	UTSI	通信设备
40	帝王实业控股	民营	中国香港	2020 年 3 月 12 日	01950	原材料—特殊化工品
41	网易—S	民营	中国香港	2020 年 6 月 11 日	09999	在线游戏学习平台
42	亿邦国际	民营	美国（纳斯达克）	2020 年 6 月 26 日	EBON	集成电路芯片、区块链技术
43	康基医疗	民营	中国香港	2020 年 6 月 29 日	09997	医疗器械
44	绿城管理控股	民营	中国香港	2020 年 7 月 10 日	09979	物业服务及管理
45	泰格医药	民营	中国香港	2020 年 8 月 7 日	03347	医疗保健
46	农夫山泉	民营	中国香港	2020 年 9 月 8 日	09633	食物饮品
47	索信达控股	民营	中国香港	2019 年 12 月 13 日（2020 年迁入）	03680	系统开发及软件科技顾问
48	格陵兰科技	民营	美国（纳斯达克）	2018 年 8 月 8 日（2020 年迁入）	GTEC	工业机械
49	瑞丽医美	民营	中国香港	2020 年 12 月 28 日	02135	医疗及医学美容服务
50	嘉楠科技	民营	美国（纳斯达克）	2019 年 11 月 21 日（2020 年迁入）	CAN	半导体
51	宋都服务	民营	中国香港	2021 年 1 月 18 日	09608	物业服务
52	诺辉健康	民营	中国香港	2021 年 2 月 18 日	06606	医疗保健设备，医疗保健业
53	涂鸦智能	民营	美国（纽交所）	2021 年 3 月 18 日	TUYA	应用软件
54	九紫新能	民营	美国（纳斯达克）	2021 年 5 月 18 日	JZXN	汽车零售

续表

序号	上市公司	性质	上市地点	上市时间	代码	行业类别
55	归创通桥	民营	中国香港	2021 年 7 月 5 日	02190	医疗保健业
56	德信服务	民营	中国香港	2021 年 7 月 15 日	02215	物业服务及管理
57	新利软件	民营	中国香港	2021 年 4 月 14 日	08076	软件服务
58	堃博医疗	民营	中国香港	2021 年 9 月 24 日	02216	医疗保健业—医疗保健设备
59	微泰医疗	民营	中国香港	2021 年 10 月 19 日	02235	医疗保健设备
60	网易云音乐	民营	中国香港	2021 年 12 月 2 日	09899	媒体及娱乐
61	顺丰同城	民营	中国香港	2021 年 12 月 14 日	09699	工业工用运输
62	智傲控股	民营	中国香港	2022 年 1 月 7 日	08282	软件服务—软件开发
63	SAI.TECH	民营	美国（纳斯达克）	2022 年 5 月 2 日	SAI	信息科技咨询与其他服务
64	涂鸦智能-W	民营	中国香港	2022 年 7 月 5 日	02391	软件服务—软件开发
65	智云健康	民营	中国香港	2022 年 7 月 6 日	09955	医疗保健
66	思享无限	民营	美国（纳斯达克）	2022 年 7 月 6 日	SJ	应用软件
67	豪微	民营	美国（纳斯达克）	2022 年 7 月 12 日	NA	计算机
68	承辉国际	民营	中国香港	2022 年 9 月 28 日	01094	软件服务—电子商贸及互联网服务
69	零跑汽车	民营	中国香港	2022 年 9 月 29 日	09863	汽车—汽车
70	润歌互动	民营	中国香港	2022 年 10 月 17 日	02422	非必需性消费—媒体及娱乐
71	子不语	民营	中国香港	2022 年 11 月 11 日	02420	资讯科技业—软件服务
72	中国有赞	民营	中国香港	2022 年 11 月 18 日	08083	资讯科技业—软件服务